ブックレット《アジアを学ぼう》46

土佐林慶太

二〇世紀前半インドネシアのイスラーム運動

ミアイとインドネシア・ムスリムの連携

風響社

二〇世紀前半インドネシアのイスラーム運動
――ミアイとインドネシア・ムスリムの連携

土佐林慶太

はじめに

「なんの研究をしているの?」
「インドネシアのイスラーム運動の研究」
「なんか危なそうだね……」

こうしたやり取りをこれまで何度もしてきた。日本でも、イスラームに関する情報は日々メディアで取り上げられている。しかし、イスラーム報道の多くはテロや紛争といった一部の過激な側面に焦点が当てられ、イスラームの社会・福祉活動といった情報が取り上げられることは皆無に等しい。情報の絶対量だけではなく、その偏りこそが「イスラーム＝テロ→危険」というイメージを人々の中に浸透させているのではないだろうか。そう考えると、多様な視点からイスラームに関する情報が語られることの必要性が見えてくる。

世界には約一六億人のムスリム（イスラーム教徒）がいる。それは世界人口の四分の一に当たる数だ。本書で取り上げるインドネシアは、世界最大のムスリム人口（約二億人）を抱える国である。筆者はこれまで留学や調査を通して、のべ五年近くインドネシアに滞在してきたが、「インドネシアのイスラームとは何か？」という質問をされるといつも困ってしまう。現在のインドネシアには、あらゆる分野・レヴェルにおいて、イスラームを規範とする団体が存在するし、そもそもイスラームは単なる宗教ではなく、生活規範であるとも言われる。インドネシア社会の至る所に「イスラーム」が溢れており、何を基準にするかでその答えも大きく変わってくる。最初の話に戻れば、どのような視点から「インドネシア・イスラーム」を語るのかということが大きな問題となる。

そこで本書では二〇世紀前半、特に一九三〇年代〜四〇年代のインドネシア・ムスリムの連携活動に焦点を当てる。具体的には、インドネシアで設立したイスラーム諸団体の連合体ミアイ（一九三七〜一九四三年）を中心に、その後続組織と言われるマシュミ（一九四三〜一九四五年）、またそれらの組織設立以前のイスラーム諸団体の連携活動を取り上げ、それらの設立背景やインドネシア社会に果たした役割を検討する。それは以下二点の理由からである。

一つ目の理由として、インドネシア・ナショナリズム運動の展開を扱った従来の研究は、オランダの弾圧により運動が後退した一九三〇年代以降のイスラーム運動を、充分に検討してこなかった。しかし、こうした運動は、その後インドネシアでイスラーム勢力が社会的、政治的に大きな影響力を行使する発端となった。本研究では、そうした運動を担った指導者達に焦点を当て、彼らのムスリムとしての意識とインドネシア人としての意識の連関を探る。

また何らかの連携をする時、そこには必ず共通の目的や課題がある。インドネシア・ムスリムの連携活動に着目することで、彼らに共通の目的や課題を明らかにし、そこから当時の「インドネシア・イスラーム」の一つの形を提示することができるのではないかと考える。

二つ目の理由として、インドネシアにとってこの時代が持つ意義とインドネシア人、日本人双方によるこの時代の捉え方のギャップ（隔たり）である。インドネシアにとってこの時代は、社会の転換期であった。長きにわたるオランダ植民地期から日本軍政期を経て、インドネシア国家が成立する直前の時代である。独立記念日の八月一七日には、毎年各地で独立を祝う式典やイヴェントが開催され、政府による国家レヴェルのものから、学校や職場、町内会といった地域の末端レヴェルのものまで存在する。それは、インドネシア国外においても同様である。この原稿を執筆しているオランダのライデンでも、先日、インドネシア人学生による独立記念日を祝うイヴェントが開催されていた。植民地からの独立とその闘争の歴史であるこの時代は、インドネシアの人々にとって七〇年以上経った現在でも毎年回顧され、彼らのアイデンティティ形成において重要な意義を持っている。

それでは日本人にとってはどうだろうか。確かに、終戦記念日には戦没者慰霊祭などが一部で開催されているが、年々こうした記憶は風化しているような印象を受ける。ましてや日本国外のインドネシアで起きた出来事となるとなおさらである。そんな中で、筆者がインドネシアで出会う日本人からは「インドネシアは、日本の植民地期を経験したが親日的だ」といったものや、「インドネシアが親日的な理由は、日本がインドネシアの独立を助けたためである」という論調を頻繁に耳にする。こうした論調の真偽に対して、筆者はここで肯定も否定もしない。筆者が懸念するのは、両者を取り巻くこの時代に対する温度差である。この温度差の存在を認識せず、少ない情報から一つの論調を絶対的な真実として語ることはやはり危険であるし、いつの日か両者の間に摩擦を生む要因となるかもしれない。ここにおいても、最初に述べた「多様な視点からの情報の必要性」が見え、これこそが歴史学の本質である。なおこの点において本書は、課題があることも認めなければならない。それは、インドネシア・ムスリムの多様な動向を理解するために依拠している資料が、インドネシア側のものに終始し、オランダ側の資料がほぼ反映されていない点である。これについては、開始したばかりのオランダ調査を継続的に進め、今後の課題としたい。

本書は、「現在のインドネシアにおけるイスラームとは何か」を直接語るものではない。またタイトルに記した「二〇世紀前半」、「インドネシア」、「イスラーム運動」といった言葉は、日本人にとって、時代的にも、距離的にも、分野的にも遠い存在であるかもしれない。しかし、これらの中に我々日本人とインドネシア人の大きな接点があったことは確かである。本書を通して、そうした接点を感じ、少しでもインドネシアのイスラームや歴史を知るきっかけとなっていただければ幸いである。

本書の執筆に関して、以下の点を断っておきたい。インドネシアは一九四二年までは「蘭領（オランダ領）東インド」と呼ばれていた。しかし本文中では煩雑さを避けるため、組織名や団体名などにそれらが使用されている場合を除き、インドネシアで表記を統一した。同様の理由から、先行研究の引用の出典は主に本文中に記し、史料の出典等は本書末尾の注に記した。また、本書で取り上げる連携活動は、主にジャワ島とマドゥラ島で行われたものである。しかし、これらはジャワ・ムスリムのみならず、インドネシア・ムスリムの連携ということを主眼に展開されていることから、本書のタイトルは『二〇世紀前半インドネシアのイスラーム運動』とした。

一　歴史的背景（一九〇〇年代～一九二〇年代後半）

本節では歴史的背景として、一九世紀後半から一九二〇年代までのインドネシア社会とイスラーム世界の状況、その中から生まれた近代的イスラーム団体の設立についてまず整理する。次に一九二二年から開催された東インド・イスラーム会議（Congres Al-Islam Hindia）について、本書の主題であるミアイとそれらの会議の関連性を念頭に置きつつ、第一回から第七回までの会議を本節で扱い、その開催目的や意図を考えてみたい。最後に、イスラーム勢力とは別の勢力、つまりスカルノを中心とした世俗的ナショナリスト勢力の動向についても本節で概観し、第二節への橋渡しとしたい。

1　二〇世紀の幕開け

①世界的なイスラーム改革運動の流れ

イスラーム世界では、オスマン帝国を初めとするイスラーム諸王朝が西洋列強に軍事支配される中で、西洋列強の帝国主義に対する危機感とそれへの対処として、一九世紀後半からイスラーム復興の潮流が起き、それはイスラーム改革運動として大きな盛り上がりを見せていた。その改革運動の代表が、アフガーニーと彼の弟子ムハンマド・アブドゥ、およびアブドゥに師事したラシード・リーダーであった。彼らは当時のイスラーム世界停滞の原因を、イスラームの正しい理解と実践の欠如に帰し、そうした誤りを正し、本来イスラームが持ちえている近代性への回帰を促すことで、イスラームの復興を果たそうとした［小杉　二〇〇六：六三四―六三五］。

このような思想は、オランダ植民地政府による巡礼規制緩和、スエズ運河の開通や蒸気船の就航と相まって、書物やメッカ巡礼者、海外留学者を通してインドネシアにも持ち込まれ、その後のインドネシア・ムスリムの展開を考える上で重要な意義を持っていた。リーダーがエジプトで発行した機関誌『マナール（灯台）』は、インドネシア・ムスリムの間でも広く流通している。迷信や本来のイスラームにない、逸脱した習慣からの純化を目指す改革派の思想は、その後のインドネシアでのイスラーム団体の設立にも大きな影響を及ぼした［小林　二〇〇八：一六四―一六五］。

②倫理政策と新たなエリート層の出現

一方、インドネシアでは、二〇世紀の幕開けは、植民地政策の分岐点であった。一八三〇年にオランダ本国の財政立て直しのためジャワで開始された「強制栽培制度」(1)は、一八六〇年代以降次第に廃止されたが、ジャワ農村の経済状態は好転せず、オランダ本国から植民地政策の根本的再検討を望む声が高まっていった。一九〇一年ウィルヘルミナ女王は議会開院式の演説で、「倫理政策」と呼ばれる新しい植民地政策を表明した。この政策は一九二七年まで続けられ、原住民社会の成長と発展を目指し、様々な方面から新たな試みが行われた。その一つが、権力の分散である。それまで植民地の重要事項はすべてハーグで決定され、ジャカルタ（当時はバタヴィア）の総督に伝達されていたが、今後は総督の行政権限を拡大し、また従来総督が決定していた事柄はその重要度に応じて適宜各地域の行政機構に移譲された。

写真1　STOVIA（筆者撮影、現在は民族覚醒博物館となっている）

さらに、従来ヨーロッパ人官僚の管轄であった業務の一部を原住民官僚に移管することも、この政策の一環として行われた［永積　一九八〇：六三―六五］。

こうして原住民官僚の必要性が高まり、原住民の子弟に対する教育の普及と官吏養成のための高等教育機関の設置が促進された。ジャカルタには、行政養成学校（OSVIA）、医師養成学校（STOVIA、写真1）といった専門教育機関が設立された。バンドゥンには高等工芸学校、ボゴール（当時はバイテンゾルフ）には薬学・農学の専門学校がそれぞれ設立された［土屋　一九九四：九二―九三］。これらの教育機関は、新しいエリート層を生み出し、様々な方面で近代的な団体が結成され、二〇世紀初頭のインドネシア・ナショナリズム運動を先導していくこととなった。

インドネシアで最初の民族主義団体と言われるのが、この医師養成学校の学生を中心に、一九〇八年五月二〇日ジャカルタで結成された、ブディ・ウトモ（Budi Utomo）である。この団体は、学校経営や奨学金制度の設置など社会教育活動に従事した。しかし、指導部の中にはより政治色の強い団体となることを望む者もあり、組織統一を取ることができなかった。その活動も地域の枠を超えた全国規模なものになることはなく、一般大衆からの大きな支持を得ることもできなかった［永積　一九八〇：一一八―一二四］。

2　体系的なイスラーム団体の設立とその活動

①イスラーム同盟の設立

これに対して民衆からの大きな支持を得て、一九一〇年代〜二〇年代初頭にかけて、インドネシア・ナショナリズム運動の中心的な役割を果たしたのが、一九一一（あるいは一九一二）年に設立されたイスラーム同盟（Sarekat Islam, SI）である。当時ジャワでは、ジャワ人が従事していたバティック業などに華人商人が進出し始めたことに対する危機感が募っていた。こうしたことへの対応として、行政養成学校出身のティルトアディスルヨ（Raden Mas Tirtoadisoerjo）は、一九〇九年ジャカルタに、一九一一年ボゴールにイスラーム商業同盟（Sarekat Dagan Islam, SDI）を設立した。続いて彼は、中部ジャワのスラカルタ（ソロ）でバティック業を営むサマンフディ（Samanhoedi）の要請に応じ、彼の後援のもとにイスラーム商業同盟のスラカルタ支部を結成した。このスラカルタ支部を再編して設立されたのが、イスラーム同盟である［深見　一九七六：一一七―一一九、Niel 1960: 89-90］。

その後、彼らに代わり指導権を握ったチョクロアミノト（Oemar Said Tjokroaminoto）のもとで、イスラーム同盟は、急速な発展を遂げた。彼は演説に優れ、人々から救世主「エル・チョクロ（Eru Cakra、正義王）」と仰がれ［弘末　二〇〇二：三九］、一九一二年にイスラーム同盟に参加してからは、終生、その中心的指導者であった。イスラーム同盟は熱心なムスリムや農園や鉄道関係従業員の労働者から大きな支持を集めた。彼らは、次々とイスラーム同盟の主導下で労働組合を結成し、一九一〇年代を通じて同盟員は二〇〇万人にも達し、全国規模の団体へと成長した［土屋　一九九四：九五］。若き日のスカルノもチョクロアミノトのもとに下宿し、後に彼の娘であるインギット（Inggit）と最初の結婚をするなど、彼から多くのことを学んだ（写真2）。

しかし、組織内では、労働組合運動から拡大した共産主義グループと汎イスラーム主義を掲げるグループの対立が激化していった。一九一四年スマランで設立されたインド社会民主同盟（Indische

写真2　チョクロアミノトの家（筆者撮影、撮影地スラバヤ）

Sociaal Democratische Vereeniging, ISDV）は、その党員をイスラーム同盟に二重党籍させた。労働組合運動が盛んだったイスラーム同盟内部では、インド社会民主同盟の影響を受けた共産派が徐々に力をつけ、彼らは、一九二〇年五月二三日旧ロシア領以外のアジアで最初の共産党、インド共産主義同盟（Perserikatan Kommunist di India 二四年よりインドネシア共産党 Partai Komunis Indonesia, PKI と改称）をスマランで結成した［McVey 2006: 1447］。

一九二一年、イスラーム同盟内での共産派の拡大に危機感を覚えた汎イスラーム主義派は、その組織規則で二重党籍を禁止し、共産党員をイスラーム同盟から追放し、一九二三年、名称をイスラーム同盟党（Partai Sarekat Islam, PSI 二九年よりインドネシア・イスラーム同盟党 Partai Sarekat Islam Indonesia, PSII と改称）と改めた［Ricklefs 1981: 166-167］。しかし、それは組織の分裂による弱体化を招き、インドネシア・ナショナリズム運動の主導権を共産党に移すこととなった。こうした状況下で、イスラーム同盟は各地で設立されたイスラーム団体との連携により、イスラーム勢力の指導者としてのみずからの存在意義を高めることに活路を見出していく。その具体的な活動が、次項で述べる東インド・イスラーム会議である。

②体系的なイスラーム団体の設立

宗教をその手段とする側面が強かったイスラーム同盟に対して、宗教をその目的とする体系的なイスラーム団体もこの頃各地で設立されている。その代表が、一九一二年一一月中部ジャワのジョグジャカルタで設立され、現在もインドネシア最大のイスラーム団体の一つである、ムハマディヤ（Muhammadiyah）である。設立者のアフマド・ダフラン（Ahmad Dahlan）は、スルタン宮廷の大モスクのハティブ（モスクの説教師）を父に持ち、メッカで改革派の思想に触れ、帰国後はブディ・ウトモ、イスラーム同盟にも一時期参加していた。こうした活動を通して、彼は宗教学校の設立を思い立ち、ムハマディヤを設立したのである。

ムハマディヤは「クルアーンとスンナへ戻れ」をスローガンに、人々に正しいイスラームの伝道とそれに基づく宗教的な生活を促すことを目的とした。特に教育活動に力を入れ、宗教系の学校であるマドラサ建設だけではなく、オランダの教育体系に沿ったカリキュラムを持つ学校建設にも尽力した。さらに孤児院や診療所の建設、ムハマディヤの女性部アイシア（Aisyiyah）の設置などにも力を入れていた。このような取り組みはキリスト教ミッションの活動に影響を受けて行われ、一九二一年までにその活動は全インドネシアへ拡大した［小林　二〇〇八：一六六、Alfian 1989: 136-163］。

さらに、一九二三年西部ジャワのバンドゥンでザムザム（Zamzam）により設立されたイスラーム協会（Persatuan Islam, Persis　通称プルシス）や、一九一四年スーダン出身のアフマド・スールカティ（Ahmad Muhammad Al-Surkati）を指導者にし、インドネシアのアラブ人住民によって設立されたイルシャード（al-Irsyad）も、イスラーム改革主義の団体と言える。プルシスは、厳格な法解釈や現地のイスラームに浸透していた迷信への批判を行い、討論会や出版活動を通してその思想を広めた。イルシャードは、主に教育分野に力を入れ、ムハマディヤ同様に学校建設などを行った。

こうした改革派団体の設立は、インドネシアのイスラーム社会に大きな問題を引き起こした。過去のウラマーの見解を重視する、いわゆる伝統派（マズハブ堅持派）は、改革派の批判を受けることとなった。後にミアイ設立の中心メンバーとなる、マス・マンスール（Mas Mansoer）、アブドゥル・ワハブ・ハズブラ（Abdoel Wahab Hasbullah）、アフマド・ダフラン(2)（Ahmad Dahlan）が中核となって、一九一八年東部ジャワのスラバヤに設立したタシウィルール・アフカル（Tashwirul Afkar）は、両派が意見討論をする場となったが、その溝は深まるばかりであった。

3　東インド・イスラーム会議とムスリムの連携

改革派と伝統派の宗教的な見解の相違を解消するために、イスラーム同盟の主催で開始されたのが東インド・イスラーム会議（Congres Al-Islam Hindia）である。一連の会議開催の背景には、イスラーム世界が抱える共通の危機感もあった。第一次大戦後、オスマン帝国は敗戦で解体し、トルコ共和国樹立後、一九二二年にスルタン制が廃止され、一九二四年三月にはカリフ制も廃止された。このことは、インドネシア・ムスリムにも大きな衝撃を与えた出来事であった。

このようにインドネシア内外の状況が重なり合う中で、各地のムスリムが参加する東インド・イスラーム会議が一九二二年から一九三二年まで断続的に開催された。第一回会議は、一九二二年に西部ジャワのチルボンで開催された。この会議では、イスラーム同盟チルボン支部がその運営にあたり、主な争点は、改革派と伝統派の意見の相違であった。両者は会議の中で激しい議論をぶつけあい、その溝を埋めることはできなかった(3)。

国内イスラーム団体の有力者間の連携を強化するために、一九二四年五月、第二回会議が西部ジャワのガルートで開催された。会議はイスラーム同盟党の関心事である政治的な話題が中心で、その他のイスラーム団体にとっては、あまり関心を引くものではなかった［Akhmad 1989: 157-166］。

一九二四年一二月スラバヤで開催された第三回会議は、イスラーム同盟党のウォンドアミセノ（Wondoamiseno）が率いるスラバヤのカリフ制委員会（Comite Chilaafat）が運営にあたり、カイロで予定されていたカリフ制会議への対応が協議された［山口 二〇一六：一四―一五］。しかし、カリフ制会議の計画は進展せず、一旦は一九二五年三月開催が決まったが、最終的に延期された。一九二五年一月一九日、カイロから東インド・イスラーム会議にその知らせが届き、会議の開催が一年延期されることが伝えられた(4)。

一方、一九二五年八月には、メッカの新たな統治者となったイブン・サウード（Ibn Saud）からインドネシアのイスラーム指導者の元に、メッカでのイスラーム世界会議への招待状が届けられた。それから間もなくして開催された第四回会議と、翌二六年二月に開催された第五回会議では、これらの会議への参加について協議された［Noer 1973: 222-223］。

一九二五年八月ジョグジャカルタで開催された第四回会議は、その目的として、「我々ムスリムの団結の絆はまだ完全なものでも、揺るぎないものでもない。さらには、我々の祖国のウマット・イスラーム(5)と海外のウマット・イスラームを結びつける団結の絆も築いていない。これらの目的を達成する上で、イスラーム世界会議の重要性、そして国内における東インド・イスラーム会議の重要性」[6]が事前に伝えられ、約一〇〇団体から二〇〇〇名がこれに参加した。[7] ムハマディヤ中央本部やイスラーム同盟党ジョグジャカルタ支部など、ジョグジャカルタにある二七のイスラーム団体が委員会を結成し、その会議の運営にあたった。[8] しかし、この世界会議に関する議論が国内ムスリムのさらなる分裂を生むこととなった。メッカとカイロ、どちらの会議を選ぶかという問題は、イスラーム同盟党とムハマディヤの間に対立を生んだ。さらに、その代表団の選定において、改革派と伝統派の溝を深めることとなった［Bruinessen 1994: 26］。

第五回会議に先立ち、一九二五年一月イスラーム改革派団体による事前会議が開催され、イスラーム同盟党のチョクロアミノトとムハマディヤのマンスールの二名をメッカで開催されるイスラーム世界会議のインドネシア代表団として派遣することが決められた。その後バンドゥンで開催された第五回会議では、この事前会議の決定をほとんど審議せずに承認した。また、伝統派を代表してワハブ・ハズブラは、伝統的な宗教実践が新しいアラブの王によってメッカやメディナで尊重されるよう伝えてほしいという提案をしたが、会議では否定的な返答しか得られなかった［Noer 1973: 223］。

これらの改革派の活動に反発した東部ジャワの伝統派ウラマーたちは、マズハブの問題について、イブン・サウードと直接協議するために、独自にメッカ使節団を派遣することを決めた。そして一九二六年一月使節団の選定を行うためにスラバヤで会議を開き、ヒジャーズ委員会（Komite Hijaz）を結成した。これを直接の前身として設立されたのが、現在もインドネシア最大のイスラーム団体の一つに数えられるナフダトゥル・ウラマー（Nahdlatul Ulama, NU）である［Bruinessen 1004: 28-29, Anam 1999: 55-60］。

一九二六年九月メッカから帰国した代表団を迎えるために、第六回会議がスラバヤで開催され、約一〇〇〇名が出席した。[9] 上述の問題により、伝統派ウラマーの参加は非常に少なく、参加者は大きく減少した。この会議では、スラバヤにイスラーム世界会議東インド支部（Muktamar Alam Islam Hindi-Sjarqijah, MAIHS）を設置した。[10] これは、第四回会議の目的として述べた「祖国のウマット・イスラームと海外のウマット・イスラームの団結」と関係し、イスラーム世界の中で自分たちをインドネシア・ムスリムの代表として位置づけていたことの表れである。しかし、メッカ使節団の帰国後、ムハマディヤ会員からチョクロアミノトのイスラーム世界会議での態度に対し不満が述べられ、イスラーム同盟党とムハマディヤによる争いが再び起きた(11)。同年一二月、婚姻問題やモスク問題について協議するために、第七回会議がボゴールで開催されたが、その参加団体や参加者はさらに減少し、もはや東インド・イスラーム会議の下でのインドネシア・ムスリムの連携は困難なものとなっていった。それは同時に、会議開催を主導していたイスラーム同盟党のインドネシア社会における影響力の低下を意味していた。

4 インドネシア・ナショナリズム運動における変化

このようにムスリム同士が対立をしている間、インドネシア・ナショナリズム運動にも大きな変化があった。第二項で述べた通り、イスラーム同盟党に代りその主導権を握ったインドネシア共産党であったが、それも長くは続かなかった。インドネシア共産党は、より過激な方向に運動の舵を取り、一九二五年から武力蜂起の準備を開始した［McVey 2006: 323-346］。一九二六年一一月、ジャカルタでは約二〇〇名が刑務所、警察署等を襲い、バンテンでも約四〇〇〇名が同様の行動に出たが、数日以内に全員逮捕された。また一九二七年一二月には、西部スマトラで官庁や警察への襲撃が行われた。この事件の逮捕者は一万三〇〇〇名にのぼっている。これは二〇世紀のインドネシアにおける最大規模の反乱であり、オランダ植民地政府は、二〇世紀初頭以来の倫理政策に終止符を打ち、これ以降、弾圧政策に転じ、インドネシア共産党も非合法化された［永積　一九八〇：二三一―二三四］。

インドネシア共産党の非合法化により、インドネシア・ナショナリズム運動はその新たな受け皿を求めることになった。その中で頭角を現したのが、独立後に初代インドネシア大統領となるスカルノである。スカルノは、一九二七年七月インドネシア国民同盟（Persarikatan Nasional Indonesia　二八年よりインドネシア国民党 Partai Nasional Indonesia, PNI と改称）を結成し、対オランダ非協力、民主主義、インドネシアの独立を掲げた。また、インドネシアの民族統一と団結の必要性を強調した。一九二七年一二月スカルノの提唱によって、国民党、イスラーム同盟党、ブディ・ウトモを含む七つの政治団体の連合体、インドネシア民族政治団体協議会（Permufakatan Perhimpunan-perhimpunan Politik Kebangsaan Indonesia, PPPKI）が結成された［増田　一九七一：八一―八六］。

また、一九二八年一〇月国民党の指導下で開催された第二回インドネシア青年会議の場で、「一つの祖国インドネシア、一つの民族インドネシア民族、一つの言語インドネシア語」からなるインドネシア青年の誓い（Sempah Pemuda）が立てられた［土屋　一九九四：一〇一］。これは、インドネシア・ナショナリズムの概念を規定する重要な契機となった。

しかし、一九二九年一二月、スカルノは他の三名の指導者とともに、公共の安寧秩序を乱したという科によってオランダ植民地政府に逮捕された。国民党指導部の間では、国民党の存続が残された指導部の逮捕にもつながると考える者たちが多数派となり、国民党の解散と新党インドネシア党（Partai Indonesia, Partindo）の設立が決定された。一方、党の解散に反対した存続派は、インドネシア国民教育協会（Pendidikan Nasional Indonesia, PNI-baru）を設立し、両者は、どちらが正統な後継者であるかをめぐり、争うこととなった［土屋　一九九四：一一九―一二二］。

またインドネシア・イスラーム同盟党は、その思想の違いから、一九三〇年一二月インドネシア民族政治団体協議会を脱退した［Pringgodigdo 1950: 56, Kartodirdjo 2014: 199-200］。こうして三項で述べたイスラーム勢力間の争いや、オランダ植民地政府の弾圧政策もあり、一九三〇年代前半は世俗的ナショナリスト団体にとっても、イスラーム団体にとっても、多くの対立と問題を抱える時代となった。

二　オランダ統治期末期のムスリムの連携活動(1)（一九二〇年代後半～一九三七年）

前節で見たとおり、一九二六年までの東インド・イスラーム会議によるイスラーム諸団体の連携活動は、改革派イスラーム団体による新たな対立を生んだ。その後も、一九三一年まで東インド・イスラーム会議は断続的に続くが、イスラーム団体間の対立はさらに深まり、最終的に東インド・イスラーム会議は、当初想定していたイスラーム諸団体の連携というよりも、イスラーム同盟党支部が集まる会議へと変貌していく。一九三一年以降は東インド・イスラーム会議も開催されず、イスラーム諸団体の連携は、一九三七年九月のミアイ設立を待つこととなる。本節では、東インド・イスラーム会議の終焉とミアイ設立までの過程を考察する。

1　東インド・イスラーム会議の終焉

一九二七年一月、同年メッカで開催予定になっていた第二回イスラーム世界会議のインドネシア代表団選定のために、第八回東インド・イスラーム会議がプカロンガンで開催された。しかし、前節で述べたイスラーム同盟党とムハマディヤの対立が続いていたため、ムハマディヤ中央本部は会議へ代表団を送らず、ムハマディヤからはいくつかの地方支部が参加するのみであった。その結果、この会議の出席者はさらに減少し、イスラーム世界会議のインドネシア代表団選定以外は、第七回会議の決議を確認したに過ぎなかった。ムハマディヤの東インド・イスラーム会議への対応は、イスラーム同盟党の怒りを増幅させ、両者の対立をさらに深めることとなった。当初イスラーム同盟党による二重党籍禁止はイスラーム団体には適用されていなかった。またムハマディヤとイスラーム同盟党の間には、宗教問題に対する協力体制があり、両者はお互いの団体に顧問を派遣していた。しかし、一九二七年イスラーム同盟党はこの二重党籍禁止をイスラーム団体にも適用し、イスラーム同盟党の活動からムハマディヤ会員を排除した［Noer 1973: 137-138］。

これ以降、東インド・イスラーム会議は、一九二八年一月、ジョグジャカルタで開催された第九回会議、一九三一年六月、ムハンマドを侮辱する論考がきっかけとなってスラバヤで開催された第一〇回会議、一九三二年四月、マランで開催された第一一回会議と合計三度開催されているが、もはやイスラーム同盟党にインドネシア・ムスリムをまとめるだけの指導力はなかった。イスラーム世界会議東インド支部は、第八回会議で解散され、それ以降の会議を主催したイスラーム委員会も自然消滅した[12]［増田　一九七一：九一、山口　二〇一六：一二三］。

以上、第一節から第二節にかけて東インド・イスラーム会議の展開を見てきた。東インド・イスラーム会議は、あくまでも（インドネシア・）イスラーム同盟（党）をはじめとするイスラーム改革派団体が中心的に行った活動であり、それは改革派と伝統派の対立、もしくは改革派同士の対立を生み出し、成功したとは言い難い。しかし、インドネシアのイスラーム諸団体による最初の連携という点では、その意義は大きかった。また東インド・イスラーム会議の活動から、当時のムスリムによる連携要因として以下の二点が考えられる。一つは、「ムスリムにとっての共通の問題」であり、もう一つは、「海外ムスリムとの連携」という点である。これは、後述するミアイにおいても共通のことである。

2　ムスリム共通の危機感と再団結への高まり

東インド・イスラーム会議の終焉により、ムスリムの大規模な連携が再び実現するのは、次節で述べる一九三七年のミアイ設立を待たねばならない。この五年間は、イスラーム諸団体による大規模な連携は行われず、イスラーム指導者による個別の結びつきに限られていた。

当時インドネシア社会は、様々な要因で厳しい状況にあった。オランダ植民地政府の弾圧政策により、過激な運動は植民地政府によって取り締まりの対象となっていた。その結果、スカルノやハッタなどの大物民族主義指導者は次々と流刑され、一九三〇年代半ば以降、多くの世俗的ナショナリスト団体は分裂や合併を行いながら、対オランダ協調路線の団体へと変貌した。植民地議会（フォルクスラート）では、一九三六年スタルジョらがインドネシアの自治達成に向けた協議会の設置を要求した所謂スタルジョ請願運動が起きていた。しかし、この提案も一九三八年オランダ植民地政府によって拒絶された。[Abeyasekere 1976: 3-4]。また、人々の貧困も大きな問題となっていた。世界恐慌以降、インドネシア経済は一九三六年を境に徐々に回復の兆しをみせる。このような貧困問題から、ムスリムの経済状況を改善するために、イスラーム銀行に関する議論が活発に行われたが、これも実現しなかった。

一九三〇年代後半になると、イスラーム団体間の争いは徐々に沈静化し、両派からの歩み寄りも見られるようになる。一九三六年七月、バンジャルマシンで開催された第一一回ナフダトゥル・ウラマー全国大会(Muktamar)では、ハシム・アシュアリ(K. H. Hasjim Asj'ari)がその演説の中で、インドネシアのウマット・イスラームに向けて、互いに非難することを自制するよう求めている[Bruinessen 1994: 44]。同月ジャカルタで開催されたムハマディヤ全国大会でも、ムスリムの団結ということが話し合われた(13)。

こうした状況下で、一九三七年には二つのイスラーム法に対する植民地政府の介入というムスリムにとって大きな問題が起きた。一つは、一九三七年四月から相続問題の審理権を宗教裁判所であるラート・アガマ(Raad Agama)から世俗法廷のラントラート(Landraad)へ移管するという決定である。もう一つは、ムスリムの婚姻問題について一夫多妻性を制限する婚姻法案の上程である。これらをめぐって、ムスリム側から激しい反発が起きた[小林 二〇〇八:一七四―一七五、Hisyam 2001: 200-207]。これらの直接的要因のほかに、イスラーム教育の問題やキリスト教団体とイスラーム団体への政府補助金の不平等といった問題に対しても、当時インドネシア・ムスリムから多くの批判が述べられていた。さらに、海外ムスリムの動向も考慮され、パレスチナ問題や、海外ムスリムの連携活動に関心が払われ、それらの活動は多くの定期刊行物で特集されていた(14)。ミアイの設立においても、それらの組織が参考にされた。

以上のようなインドネシア内外の状況が複合的に重なりあい、インドネシア・ムスリムの連携が再び叫ばれたのである。それは当時、インドネシア・ムスリムの団結を呼びかける際にしばしば用いられた「Agamanya sama Islam, tanah airnya sama Indonesia(同じ宗教イスラーム、同じ祖国インドネシア)」という言葉に集約されている。植民地政府のイスラーム法への介入や世俗的なナショナリスト勢力の活動は、「ムスリム（あるいはイスラーム）」という意識を、海外ムスリムの動向や独立を見据えた対植民地政府活動は、「インドネシア」という意識を覚醒させた。こうして「インドネシア」の「ムスリム」による連携が模索された結果、ミアイは設立されたのである。しかし、その過程には多くの困難があり、容易に達成されたわけではなかった。以下、その設立過程について考察する。

3　イスラーム最高協議会の設立

前述のムスリムの状況を改善するために、各地でムスリムの連携を探る動きが始まった。その中でも、スラバヤで設立されたイスラーム最高協議会（Madjelis Islam Tinggi/ Tertinggi）[15]は、ミアイ設立の起因となる活動として重要である。ムハマディヤのマンスールとスラバヤの伝統派ウラマーであるアフマド・ダフラン（無所属）は、現在起きているウラマーやウマット・イスラームの問題を改善するための組織設立を構想していた。一九三七年一月、彼らとスラバヤのウラマーたちによる会合が開催され、イスラーム諸団体の連合体としてイスラーム最高協議会を同年二月にスラバヤで設立することが発表された[16]。組織の主唱者として、議長にダフラン、書記にマンスールが就くことも発表された[17]。

この知らせは、スラバヤ以外の地域でも好意的に迎えられた。スマトラのメダンで発行されていた『プドマン・マシャラカット（*Pedoman Masjarakat*：社会の指針）』誌上では、この組織に対して高い期待を示すと同時に、「東インド・イスラーム会議を始めとする、これまでの連携活動を振り返り、特定のイスラーム団体による影響を受けない組織の設立が望まれる」という論調の記事が掲載されている[18]。

二月一一日には、スラバヤで設立会議が開催され、ジャワとマドゥラから約七〇名のウラマーがこれに参加している。組織の目的として、インドネシア国内のムスリム問題だけではなく、国外の問題も考慮することが述べられている。この会議の結果、マンスール、ダフランに加え、ナフダトゥル・ウラマーのワハブ・ハズブラを含めた三名が、組織内の執行部として委員会を結成した。この委員会が、組織綱領の作成や組織の説明を行い、イスラーム最高協議会の機関誌を発行することなども決定されている。[19] マンスールは、ムハマディヤのスラバヤ支部長（一九三七年一〇月からはムハマディヤ中央本部総裁）、ワハブ・ハズブラは、ナフダトゥル・ウラマーの中央本部政策決定部シュリア（Syuriah）の委員長（Voorzitter）であった。両者ともそれぞれのイスラーム団体を代表する人物である。会議では、「マンスール、ワハブ・ハズブラ、ダフランの三名の決定であれば、我々はその決定に従う[20]」と述べる者もあり、彼らの影響力の大きさがうかがえる。

この三名はもともと、第一節で述べたタシウィルール・アフカルで活動を共にしており、さらにワハブ・ハズブラとマンスールは、メッカで同じ師のもとで学び、帰国後は協同してナフダトゥル・ワタン（Nahdlatul Wathan）を設立していた。しかし、東インド・イスラーム会議の問題などにより、両者の関係は疎遠になっていたようである［Bruinesse 1994: 30-31］。ここに於いて、改革派と伝統派を代表する人物となった両者が再結集したことは大きな成果と言えよう。

同年四月一七日には、マンスールがパムカサン（Pamekasan）で演説を行い、この組織の説明をしている。機関誌については確認できないが、手紙による広報活動も行われていたようである。ムスリムが連携することの重要性やこの組織の説明などを記した一九三七年五月一日付けの手紙が、マンスール、ダフラン、ワハブ・ハズブラの連名で各地へ送られている。[21] しかし、マンスールの演説によれば、四月一七日時点では組織としてはまだ機能しておらず、広報活動などを通して各地のイスラーム団体に協力を呼びかけていたようである。[22]

4　婚姻法令案委員会と全国大会

イスラーム最高協議会とは別に、個別の目的による連携も行われた。一九三七年六月、ウォンドアミセノ主催で会議が開催され、オランダ植民地政府の婚姻法令案に反対する婚姻法令案委員会（Ordonansi Perkawinan Commissie）をスラバヤで結成している。その執行部には、ウォンドアミセノを議長に、マンスールやイルシャードの有力指導者ウマル・フバイス（S. Oemar Hoobeisj）が委員に名を連ねている。[23] さらに婚姻法令案委員会のメンバーが中心となり、パレスチナ問題について協議するパレスチナ委員会（Badan Comite Palestina）も結成された。[24]

その他にも、元インドネシア・イスラーム同盟党の有力指導者であったアグス・サリム（Agoes Salim）は、一九三七年九月五日、婚姻法令案についてウラマーが協議するための委員会結成を提案している。[25] 彼はインドネシア・イスラーム同盟党を離脱し、自身でプニャダル党（Partai Penjadar）を設立し、インドネシア・イスラーム同盟党とは対立関係にあった。[26] 彼の発言時には、すでにウォンドアミセノが議長を務める婚姻法令案委員会が結成されており、婚姻法令案を協議する委員会の必要性は認めながらも、そのような対立背景から別の委員会を提言したと思われる。

ムスリムの連携を探る動きは、前年に引き続き各イスラーム団体の全国大会でも行われた。一九三七年七月二〇日から、マランで開催されたナフダトゥル・ウラマーの全国大会では、各地のイスラーム団体に対して、その大会への招待状をハシム・アシュアリ、ワハブ・ハズブラの連名で送り、参加を呼びかけている。[27] ハシム・アシュアリは、その前夜祭において、「すべての人が、互いに尊重し合うことの重要性を述べ、それこそが団結を達成するための唯一の手段である」という趣旨の演説を行っている。[28] さらに大会では、アブバカル（K. H. Aboebakar）が「ウマットすべての団結」を提言している。[29]

また一九三七年七月二二、二三日、インドネシア・イスラーム同盟党の全国大会がバンドゥンで開催された。インドネシア・イスラーム同盟党の二七地方支部の代表や、ムハマディヤ、ナフダトゥル・ウラマー、プルシスなどのイスラーム団体からの代表もこの会議に参加した。会議では、ウマットの団結に関わる決議として、以下の二点が決定された。[30] 一つ目は、「遺産相続問題や、解決を必要とするその他の問題を、審議、調停、解決するために、ウラマー協議会（Madjlis Ulama）の設立」、二つ目は、「シャリーア協議会（Madjlis Syar'i）という会議運営組織を設立し、インドネシア・イスラーム会議（Congres Islam Indonesia）の開催」である。

こうして各地でインドネシア・ムスリムの連携が叫ばれる一方で、誰がその舵取りを行うかということは、重要な意味を持っていた。先のアグス・サリムの提言同様、インドネシア・イスラーム同盟党主導の連携を不安視する論調も見られる。『プドマン・マシャラカット』誌上でも、インドネシア・イスラーム同盟党の全国大会の決議に対して、ウラマー協議会やイスラーム会議の必要性は述べるものの、それらをインドネシア・イスラーム同盟党の名の下で行うべきではない、という見解を述べている。(31) 折しも、『プドマン・マシャラカット』誌上では、一九三七年二月のイスラーム最高協議会設立を伝える記事の中で、次のような警告をしていた。「これまでも、ウラマーの協会を設立しようという動きはあったが、それぞれの人がそういった協会を設立した結果、その設立者の数だけ『協会』もできてしまった」と述べ、そういった連携を探る動きが、結局個人のもので、真の連携が達成されなかった、ということを伝えている。(32) こうした状況を避けるためにも、イスラーム最高協議会はウマットの団結を促すために、スラバヤでイスラーム諸団体による合同会議の開催を発表した。(33)

三　オランダ統治期末期のムスリムの連携活動(2)（一九三七～一九四二年）

1　ミアイの設立とその目的

一九三七年九月一八日から二一日、マンスール、ダフラン、ワハブ・ハズブラによるイスラーム最高協議会の委員会が主催者となり、スラバヤで会議が開催された。これには、ムハマディヤ中央本部（H. B. Muhammadiyah）、プルスリカタン・ウラマー中央本部（H. B. Perserikatan Ulama）、インドネシア・イスラーム同盟党中央本部（H. B. PSII）、インドネシア・アラブ党中央本部（H. B. Partai Arab Indonesia, H. B. PAI）、アル・イスラーム・ソロ（Al-Islam Solo）など八団体からの代表団が出席した。さらに、ナフダトゥル・ウラマーやイルシャードなど少なくとも五団体からは、その指導者が会議に出席した。会議開催の目的として、イスラーム団体の代表からなる組織の設立が、その主催者によって提案され[34]、スラバヤでインドネシア・イスラーム最高協議会（Madjlis Islam A'laa Indonesia, M.I.A.I. 通称ミアイ）[35]が結成された。さらに「組織綱領の作成及びその承認」、「最低二〇団体がこの組織に加盟した場合に、二回目の会議を開催すること」、「組織の事務局（Secretariaat）として、会計（Bendahari）にマンスール（ムハマディヤ）、委員（Anggota）にワハブ・ハズブラ（ナフダトゥル・ウラマー）、顧問（Adviseur）にダフラン（無所属）、書記官（Secretaris）にウォンドアミセノ（インドネシア・イスラーム同盟党）が就くこと」が決定された[36]。ミアイは、通常の団体や連合体のように数名の執行部によって運営されるものではなく、あくまでも組織の管理、調整のためにこれらの者が事務局に登用された[37]。そのためこの時点では、組織のトップを表す総裁のような役職は置かれていない。以前の東インド・イスラーム会議の経験から、内部対立を防ぎ、組織設立を最優先事項としたためである[38]。

組織綱領には、ミアイの目的として次の三点が定められている[39]。

一、インドネシアのイスラーム団体間の関係を密接にすること。
二、イスラーム（教）の名誉を守るために声を一つにすること。
三、海外のムスリム集団との関係を密接にすること。

これらの目的は、一九二〇年代の東インド・イスラーム会議やこの会議を主催したイスラーム最高協議会で述べられたこととほぼ同内容であり、一九二〇年代から一貫してイスラーム指導者間で抱かれていた理想と言える。背景には、前節で述べた植民地政府によるイスラーム法への介入、イスラーム教育や宗教活動へのオランダ植民地政府の干渉に対するムスリムの不満、さらには、インドネシア社会における世俗的ナショナリスト勢力の台頭への共通の危機感があった。こうした問題に同じムスリムとして立ち向かい、ムスリムの権利獲得や社会的地位向上のために、彼らはイスラームを旗印とした連携を模索し続けた。

こうした連携は、インドネシア社会のみを見据えていたわけではない。目的の三つ目にあるように、ここでも海外ムスリムとの関係が述べられている。ミアイ設立の中心的指導者であるマンスールは、演説の中でインドネシア・イスラーム最高協議会（ミアイ）という名前の由来について、「トルコ、イラク、英領インド（引用者注：インド）や、高い意識をもったムスリムの国々では、すでにイスラーム最高協議会（Madjelis Islam A'laa）が、我々のイスラーム最高協議会に先んじて存在していた。その結果、当然のこととして、我々はインドネシア・イスラーム最高協議会（Madjelis Islam A'laa Indonesia）という名前をつけた[40]」と述べている。ミアイ設立時からそれらの海外組織のことも考慮し、自分たちをイスラーム世界における「インドネシア」ムスリムと位置付けていたことがうかがえる。実際に設立当初から、ミアイの構想として国内においては、ミアイがイスラーム諸団体の取りまとめを行い、海外ムスリムに対しては、インドネシア・ムスリムの代表として、国内ムスリムと海外ムスリムの橋渡しをすることが想定されていた[41]。

さて、ミアイの設立はインドネシア・ムスリムにどのように受け止められたのだろうか。各団体の正確な加盟時期は分からないが、一九三七年に、ミアイに正式加盟したイスラーム団体は、設立メンバーであるウォンドアミセノのインドネシア・イスラーム同盟党中央本部、同じくマンスールのムハマディヤ中央本部に加え、アル・イスラーム・ソロとイルシャード・スラバヤ支部の四団体のみであった。一九三八年一月に五つ目の団体として、ヨン・イスラミテン・ボント（Jong Islamieten Bond, JIB）が加盟した[42]。

会議主催者の一人であり、事務局のメンバーでもあるワハブ・ハズブラが所属するナフダトゥル・ウラマーは、ミアイへの参加に慎重な姿勢を示し、一九三八年二月に開催されるインドネシア・イスラーム会議の内容をみてから正式に参加を決めると述べている。その背景には、インドネシア・イスラーム同盟党に対する警戒心や不信感があったと考えられる。実際に、一九三八年二月に開催されたインドネシア・イスラーム会議の中でナフダトゥル・ウラマーは、「インドネシア・イスラーム同盟党が、ミアイやこの会議を利用している」[43]という批判を繰り返し述べるのである。

また、ミアイ設立会議に参加していたインドネシア・アラブ党中央本部などは、この段階では明確な態度を示していない。その他に、プルスリカタン・ウラマー・マジャレンカ（Perserikatan Oelama Madjalengka）などいくつかのイスラーム団体は、参加の意思を伝えていたようだが、団体としての正式な決定は下されなかった。[44]設立会議には、多くのイスラーム団体からの代表団や指導者が出席していたが、設立当初の参加団体はごく少数に限られていたと言える。

ミアイ設立会議では「最低二〇団体がこの組織に加盟した場合に、二回目の会議を開催する」という取り決めがなされていた。この二〇団体という数字が示すように、設立時には、多くのイスラーム団体の加盟を見込んでいたのだろう。しかし当時のミアイは、イスラーム最高協議会や婚姻法令案委員会などを主催したスラバヤの有力ウラマーの結びつきが中心で、それが理想とする全国規模の運動とは程遠い状況にあった。

2　インドネシア・イスラーム会議と初期ミアイに対する評価

設立直後からいばらの道をたどったミアイであったが、インドネシア・イスラーム会議の開催に向け、事務局の整備を行った。インドネシア・イスラーム会議を翌月に控えた一九三八年一月、事務局のメンバーであるワハブ・ハズブラのメッカ行きと、マンスールのジョグジャカルタ行きが、各々の所属団体の事情で決まったため、事務局メンバーを改編し、合計六名になった。イルシャードのフバイスとアル・ハイリヤ・スラバヤ（Al-Chairijah Soerabaja）のムハンマド・ビン・フセイン・バーブド（Moehammad bin Hoesein Ba'aboed）の二名が、事務局メンバーに追加された。また会計担当のマンスールの代理として、同じムハマディヤ会員のファキ・ウスマン（H. Faqih Oesman）がその職に就いた。[45]ワハブ・ハズブラも事務局のメンバーに残ったが、マンスールのように所属団体から代理人がたてられることはなかった。後にナフダトゥル・ウラマーは、自分たちの代表であるワハブ・ハズブラが、事務局のメンバーを決める会議に招待されなかったという理由で、ウォンドアミセノとその所属団体であるインドネシア・イスラーム同盟党を批判している[46]。両者の争いはインドネシア・イスラーム会議の場でさらに激しさを増した。

一九三八年二月二七日から三月一日、第一回インドネシア・イスラーム会議がスラバヤで開催された。会議では婚姻、ムスリムへの侮辱、ラート・アガマに関する問題について議論されたが、ほとんどの議題はその決定を次回に持ち越すことになった[47]。

インドネシア・イスラーム同盟党の指導者アビクスノ・チョクロスヨソ（Abikoesno Tjokrosoejoso）は、「今回のイスラーム会議は、バンドゥンでのインドネシア・イスラーム同盟党の会議の結果である」ということを演説中で述べ、同じくインドネシア・イスラーム同盟党のウォンドアミセノも、「インドネシア・イスラーム同盟党を中心とする一九二〇年代からの東インド・イスラーム会議を振り返り、この会議がそれらの会議を継続するものである」という趣旨の演説を行った[48]。

ナフダトゥル・ウラマーの代表団は、これらの演説を聞き、この会議もインドネシア・イスラーム同盟党を中心とした一九二〇年代の会議と同じ性格のものであると感じ、会議の決議を欠席した。彼らは、「すでに決まっている議題を審議する前に、まずこの会議の規則について審議すること」、また「ミアイの下で開催される最初の会議として、第一回インドネシア・イスラーム会議という名称で開催するべきである」という要望を述べ、後者については、ナフダトゥル・ウラマーの要望が通り、第一回インドネシア・イスラーム会議に変更された[49]。

しかし両者の対立は、それぞれの機関誌に場を移し、互いの行動を非難する論考を掲載して引き続き行われた。インドネシア・イスラーム同盟党の機関誌『スアラP. S. I. I（*Soeara PSII*：PSIIの声）』では、ナフダトゥル・ウラマーの一連の行動は、「会議に混乱を生じさせるという目的で行われ、背後にはインドネシア・イスラーム同盟党と対立するプニャダル党[50]の人物がいる[51]」と述べている。

一方、ナフダトゥル・ウラマーも、自身の機関誌『ブリタ・ナフダトゥル・ウラマー（*Berita Nahdlatoel Oelama*：ナフダトゥル・ウラマー・ニュース）』の中で、それらの批判に反論し、会議の議題がインドネシア・イスラーム同盟党の意図したものばかりになっていること、ウォンドアミセノやその所属団体であるインドネシア・イスラーム同盟党がミアイやイスラーム会議を利用し、インドネシア・ムスリムのイマーム（指導者）になろうとしているという批判を繰り返し述べ、それは一九三八年六月頃まで続いていた[52]。ウォンドアミセノが、ナフダトゥル・ウラマーに対する批判行動を禁止したため、両者の争いは徐々に沈静化したようである［Noer 1972: 244］。

またインドネシア・イスラーム会議内では、ミアイに関する決定として新たなミアイ会員の承認が行われた。これまでの五団体に加え、アル・ハイリヤ・スラバヤ、プスラ（Poesoera）、アル・ヒダヤトゥル・イスラミーヤ・バニュワンギ（Al-Hidajatoel Islamijah Banoewangi）、プルサトゥアン・ウラマー・マジャレンカ（Persatoean Oelama Madjalengka）の四団体が加わり、合計九団体になった。

会員規則について「中央本部がまだミアイの会員になっていない団体は、その支部のひとつであっても、中央本部からの許可書があれば、ミアイ会員になることができる」と定められた。ミアイ加盟団体が少ないことや、イルシャードのように支部での参加を希望するものがあったため、このような変更がなされたのだろう。さらに設立会議では「最低二〇団体がその組織（ミアイ）に加盟した場合、次回の会議を開催する」と定められていたが、二〇団体という数字は現実的ではないと判断されたようで、「最低一〇団体が会員になった場合」と変更された[53]。

こうしてミアイの組織整備は徐々に進められたが、その後別の側面からミアイに対する批判が起きた。それは一九三八年一〇月カイロで開催されたパレスチナ問題を議論する会議へのミアイの対応であった。この会議の招待状は、当初ムハマディヤに届けられていたが、ムハマディヤは政治問題に介入しないというみずからの団体規則を理由に、この会議への不参加を表明し、ミアイにその招待状を届けて会議への対応を委ねた。[54] ミアイは、その目的のひとつに、インドネシア・ムスリムの代表として国内ムスリムと海外ムスリムの橋渡しをすることを挙げていた。しかし、ミアイはその会議へ代表団を送らず、電報を打つこともしなかった。[55] エジプトに住むインドネシア・ムスリムやインドネシア国内のイスラーム団体からも、こうしたミアイの対応に対して批判が起きた。

これに対して、ミアイは「現在までに、一三のイスラーム団体[56]がミアイ会員になっているが、それらはすべてジャワにある団体である。またジャワ内でも、いくつかの大きな団体がまだミアイに加盟していない状況である。そのような中で、インドネシアの代表として参加することはできない」[57]という趣旨のことを述べている。これらのことからも、ミアイ自身が掲げた理想とは対照的に、依然として組織の未熟さを感じていたことが見て取れる。

しかし、ミアイはこうした批判を受け止め、それに対応しようとする姿勢も見せている。一九三九年二月四、五日に開催されたミアイ会議では、パレスチナ問題について議論され、ミアイがロンドンで開催されるパレスチナ円卓会議へ電報を打つことを決定した。[58] また、一九三九年五月二日から七日には、第二回インドネシア・イスラーム会議がソロで開催され、会議の議題の一つ目には「ミアイ設立の強化」、二つ目には「インドネシア・イスラーム会議の規則」ということが挙げられた。[59] これらは、第一回会議でのナフダトゥル・ウラマーによる批判への対応であった。

さらに第二回会議では、第一回会議で結論を先延ばしにしていた議題に加え、事前会議で提案された新しい議題についても審議された。その中にはナフダトゥル・ウラマーによる「ミアイ事務局に海外部門の設立」という提案も含まれ、[60] 会議で可決されている。[61] その結果、ミアイ事務局に海外部門担当として三名が追加され、事務局メンバーは合計九名となった。この海外部門の一人に選ばれたのが、ナフダトゥル・ウラマーのマフッズ・シディック（H. Mahfoed Siddiq）である。このように、第二回会議では、イスラーム会議の規則や海外部門の設立など、ナフダトゥル・ウラマーによる提案が多く受け入れられた。

こうしたミアイによるナフダトゥル・ウラマーへの配慮は、後述する翌年一二月のナフダトゥル・ウラマーのミアイ正式加盟の場面でも見られる。真のインドネシア・ムスリムの連携は、国内最大のイスラーム団体の一つであるナフダトゥル・ウラマーの加盟なくしては達成できないと、ミアイ事務局のメンバーも認識していたのであろう。そのためにも、インドネシア・イスラーム同盟党とナフダトゥル・ウラマーの関係を改善することは重要であり、一九二〇年代の東インド・イスラーム会議の失敗が教訓として生かされたと言える。インドネシア・イスラーム同盟党の機関誌『パフラワン（*Pahlawan*：英雄）』では、後に次のよう様に述べている。[62]

ジャワの土地で、大きな影響力をもつ〔引用者補足：イスラーム〕団体のほぼすべてが、すでにミアイの会員となっている。ナフダトゥル・ウラマーだけが、まだその会員になっていない。しかし実際には、ソロで開催された第二回イスラーム会議以降、ナフダトゥル・ウラマーとミアイの関係は非常に密接なものになっている。〔中略〕マフッズ・シディックはミアイ執行部における海外部門の役職を務め、日本へのミアイ使節団[63]の一員となっている。

第一節で述べたメッカ使節団から長い年月を経て、ナフダトゥル・ウラマーは、海外ムスリムとの関係におけるインドネシア・ムスリムの代表の地位を獲得したのである。これは、非常に大きな意義があったと考えられる。

これまで見てきたように、設立当初のミアイには多くの批判もあり、イスラーム会議以外の具体的な活動はほとんど見られない。しかし、そうした批判に対応し、ミアイの組織整備を進めながら、参加団体を徐々に増やしていった。これらの時期が土台となり、次項で述べるメッカ居住者帰国事業や四項で述べるミアイの政治参加を通して、ミアイはインドネシア社会内で、その影響力を大きくしていった。これらは、ほぼ同時期に行われた活動であるが、混乱を避けるため、二項に分けて考察する。

3　ミアイの組織拡充とメッカ居住者帰国事業

一九三九年九月一日、ヒトラーのドイツ軍はポーランドに侵攻し、第二次世界大戦が始まる。一九四〇年五月一〇日には、オランダ国土に侵入し、ウイルヘルミナ女王とその政府はロンドンに亡命することとなった［Ricklefs 1981: 183］。国際情勢の悪化とそれに伴う物価高騰は、メッカに住む多くのインドネシア人居住者の生活を苦しめた。彼らはジェッダのオランダ領事やメッカの副領事に救済を求めたが、対応してもらうことができなかった。そのため苦しい生活を送るインドネシア人は、メッカで困窮委員会（Komite Kesengsaraan）という委員会を結成し、一九四〇年六月ミアイへ電報を打ち救済を求めた。要請を受けたミアイは、原住民問題顧問官（Adviseur voor Inlandsche Zaken）に救済を求めるが、彼らの返答は、「ムスリムの問題はムスリム自身で解決するように」というものであった(64)。そこでミアイは寄付金を募り、救済金を送る準備を始める。

九月一四、一五日スラバヤで開催されたミアイ総会には、一二のイスラーム団体の指導者三〇名が出席した。この一二団体には、ミアイ会員ではないが、ナフダトゥル・ウラマーも含まれている。この中で、「メッカ居住者帰国のために無料の船を準備するよう、ミアイは政府に動議を送る」、「全インドネシアのイスラーム団体、特にミアイ会員に対して、メッカ居住者のために寄付金を集め、各地の委員会で集めた寄付金をスラバヤのミアイ事務局に送る」という決議が下された。これらの決議はミアイ全会員他、ナフダトゥル・ウラマーや世俗的ナショナリスト団体であるパリンドラ（Partai Indonesia Raja, Parindra）からも同意を得た(65)。また、当時カイロに住む学生も、親類からの送金を得ることが困難であったため、政府が彼らを援助するよう求める決議が下された。こうしてミアイは、海外に住む同胞ムスリムへの救済活動において、インドネシア・ムスリムの代表として先頭に立ち活動を進めていくのである。

この総会ではミアイ規則の改定とそれに伴う組織改編も行われた[66]。第四項「ミアイ会員団体の支部の協力」として、「それぞれのミアイ通常会員は、ミアイの決定事項に協力するよう、各支部に指示する義務が課せられる」と定められた。これまでミアイ会員団体は、ジャワ島に起源を持つイスラーム団体ばかりであったことは前述のとおりである。しかし、それらの中でも大きなイスラーム団体は、インドネシア全土に支部を有していた。この規定より、ミアイの活動を全国規模に拡大しようという意図があったと考えられる。第五項「会員」では、「a通常会員：五つ以上の支部、及び中央本部を持つ団体。b特別会員：a項の条件を満たしていないイスラーム団体」と定められ、通常会員と特別会員の規定が変更された。これまで通常会員はイスラーム団体、特別会員は個人と規定され、ミアイからの同意が得られれば、個人でミアイに参加することも可能であった。しかしこれ以降、通常会員、特別会員ともに団体に限定され、その規模によって通常会員と特別会員に分けられた。また第六項で、「総会での投票権は通常会員のみが有する」と規定された。

第九項では、「最も大きな通常会員の団体から選ばれた五名の代表で構成される理事会（Dewan）の設置」が規定された。理事会は、これまでミアイの運営に当たってきたミアイ事務局[67]の上位におかれ、中央指導部としてミアイ最高機関となった。理事会メンバーを構成する団体には、インドネシア・イスラーム同盟党、ムハマディヤ、インドネシア・イスラーム党（Partai Islam Indonesia, PII）、イルシャード、ナフダトゥル・ウラマーの五団体が選ばれ、それぞれから一名ずつ代表を選出した。

一一月三〇日、スラバヤで開催された第一回ミアイ理事会会議には、理事会メンバーとして選出されたウォンドアミセノ（インドネシア・イスラーム同盟党）、マンスール（ムハマディヤ）、ゴファル・イスマイル[68]（A Gofar Ismail インドネシア・イスラーム党）、ウマル・フバイス（イルシャード）、ワヒド・ハシム（K. H. A. Wahid Hasjim ナフダトゥル・ウラマー）の五名が出席した。この時点でも、ナフダトゥル・ウラマーはミアイに加盟しておらず、ミアイ加盟が正式に決定するのは、一二月のナフダトゥル・ウラマー全国大会でのことである。[69] しかし、その決定を前にして、ナフダトゥル・ウラマーはミアイ理事会を構成する団体の一つに選ばれた。さらにこの会議では、「ミアイ理事会総裁はナフダトゥル・ウラマーの代表であるワヒド・ハシムか、一二月九日から一五日にスラバヤで開催されるナフダトゥル・ウラマー全国大会で決定した者を登用する」[70]と決まった。こうしたことからも、ミアイ総会が開催された九月頃には、ナフダトゥル・ウラマーのミアイ加盟は内々で決まっており、総裁の役職は、ナフダトゥル・ウラマーへの配慮であったのではないかと考えられる。いずれにしろ、ナフダトゥル・ウラマーのミアイ加盟により、ミアイの連携はより大規模なものとなった。ミアイの組織整備もここに於いてほぼ完了したと言える。

話はメッカ居住者帰国事業に戻り、ミアイは九月までに二〇〇ルピアの寄付金をメッカの困窮委員会に送り、一〇月一日困窮委員会からメッカ居住者の現状と感謝の意を伝える電報を受けた。一〇月三日に開催されたミアイ事務局会議では、困窮委員会の報告書にあったメッカ居住者二九〇〇名のために、追加で五〇〇ルピアの寄付金を送ることを決定した。[71] さらに、次項で述べるインドネシア政治連合（Gaboengan Politik Indonesia, GAPI　通称ガピ）も、一九四〇年一〇月二八日にジャカルタで開催された総会の中で、ミアイの決定を支持し、ガピ会員に対してもメッカ居住者への寄付金を集めるよう指導する決議が下された。[72] オランダ植民地政府は、当面の方策として毎月八〇〇ルピアの援助金を送ることを決めた。[73]

前述の第一回ミアイ理事会会議では、「ミアイ理事会は、イスラームやそれに関係する問題の議論において、政府がミアイと直接連絡を取ることを期待する」という決議をオランダ植民地政府に対して発表した。[74] つまりみずからがインドネシア・ムスリムの代表であることを、オランダ植民地政府に対して宣言したのである。これ以降、オランダ植民地政府はイスラームに関係する問題について、ミアイとの交渉を最優先にし、問題解決を図ろうという姿勢を強めていく。

一九四一年二月一二日、ミアイ理事会の代表と原住民問題顧問官ペイペル（Dr. Pijper）の面会が行われた。[75] これには、ミアイ理事会の代表としてマンスール、ウォンドアミセノ、ワヒド・ハシムの他に、アビクスノ・チョクロスヨソが参加している。ペイペルの返答は、「帰国船確保の努力はしているが、まだ達成できていない」、「帰国船の費用はオランダ本国が負担する」ということであった。ミアイはその返答が確実に履行されるように、二月一四日（ロンドン二月一三日）オランダ総督とロンドンに亡命中のウイルヘルミナ女王へ電報を打っている。[76] こうしてミアイは、オランダ植民地政府との正式な交渉窓口として、先のカイロの留学生や、後のスラウェシでの問題にも対応した。

まもなくして、ロンドンの亡命政府からミアイの電報への返答が原住民問題顧問官のもとに届いた。三月一〇日、ペイペルは「メッカ居住者を早急に帰国させる」というオランダ本国からの返答内容を伝える手紙を、スラバヤのミアイ理事会に送った。[77] 同日彼は、ミアイ理事会の代理としてジャカルタに居住するアビクスノ・チョクロスヨソと面会を行い、「帰国船の準備は整ったが、政府が責任を持つのはジャカルタのタンジュン・プリオク港まで」という決定を告げた。[78]

三月一七日アビクスノ・チョクロスヨソは、ペイペルとの会談内容を伝えるためスラバヤを訪れ、ミアイ事務所で会議が行われた。この会議では、今後のメッカ居住者帰国事業の方針として、「帰国者の国内での受け入れ活動に尽力し、タンジュン・プリオク港から居住地への移動を支援すること」、「これまでの寄付金や今後寄せられる寄付金は、この活動に充てること」が決定された。この時点でミアイのもとに届けられた寄付金は、約一〇〇〇〇ルピアに達していた。

こうして帰国者の国内移動を円滑に進めるため、アビクスノ・チョクロスヨソ主導で「ミアイ帰国者受け入れ委員会」（Comite MIAI Penerimaan Moekimin）の本部がジャカルタに設置された。またミアイ会員団体の支部だけではなく、ミアイ未加盟の団体にも協力も仰ぎ、「ミアイ帰国者受け入れ委員会」の支部を全国に設置することが取り決められた。[79] こうして各地の様々なイスラーム団体によって設置された「ミアイ帰国者受け入れ委員会」支部は、地方（支部）レベルでのミアイ会員団体の連携を深めることとなった。前述の改定ミアイ規則第四項「ミアイ会員団体の支部の協力」で述べたように、ミアイ会員のイスラーム諸団体はその支部に対して、ミアイの指示を伝えるよう徹底されていた。またミアイ会員団体は、このメッカ居住者帰国事業と関係するすべての事柄について、ミアイ理事会と直接連絡を取ることも義務付けられていた。こうしてミアイは、その理事会を頂点に、全国規模のネットワークを形成し、その影響力はますます拡大していった。

四月六日第一次帰国船、四月二四日第二次帰国船がジャカルタのタンジュン・プリオク港に到着した[80]。困窮委員会会長であるムサダッド（H. Mussadad）によれば、ジェッダからタンジュン・プリオク港までの航海は、二三日を要した[81]。四月二一、二二日に開催された会議によって、前述のジャカルタの「ミアイ帰国者受け入れ委員会」は同様の目的を持つ他の委員会と連携し、ミアイ委員会連合（Gaboengan Komite MIAI Kesangsaraan dan Penerimaan Moekimin）を結成した[82]。家族の出迎えがあるものは家族とともに帰郷したが、大部分の帰国者は家族の出迎えもなく、居住地に戻るチケットも持ち合わせていなかった。そうした者には、ミアイ委員会連合によって、宿泊所、食事、衣服などが提供された。彼らは数日ジャカルタで休息をとった後、各地で設立された支部の代表とともに、それぞれの地域へ帰郷した[83]。その後、帰国船の準備が整わず、ミアイは原住民問題顧問官と再度交渉を行い、六月にようやく第三次帰国船が出発した[84]。六月末に第三次帰国船がタンジュン・プリオク港に到着し、約三五〇名が帰国している[85]。これ以降も、数回帰国船が到着したようである。

一九四一年七月八、九日、これまでのインドネシア・イスラーム会議から名称を変更して開催された第三回インドネシア・ムスリム会議には、約二〇〇〇名が参加した。その中では、メッカの「困窮委員会」からの感謝も述べられた。会議ではその他に、事前に開かれたミアイ総会の決定に従い、「輸血」、「カイロの学生」、「アフマディヤ」、「ジャワ以外のムスリム運動との関係」などが話し合われている[86]。

一一月一六日、第八回ミアイ理事会会議が開催され、寄付金集めの停止が宣言された。各支部は、一二月末までに余剰資金をミアイ事務局に返還するよう求められた。このメッカ居住者帰国事業を通して、約二〇〇〇名が帰国し、残りの一一〇〇〇ルピアはスラバヤの国立銀行に保管することになった。また、この理事会でヌルル・イスラーム（Noeroel Islam）がミアイ通常会員となり、ミアイ会員は合計二二団体となった[87]。

メッカ居住者帰国事業はミアイが主導して行った活動の中で、最も成功した活動と言える。後にウォンドアミセノは、この活動をミアイが行った最大の活動と評している。この活動を通してミアイは全国規模の組織として名実ともに成長し、インドネシア・ムスリムの代表として、政府、現地ムスリム、メッカ居住者をつなぐ役割を担い、インドネシア・ムスリムからの大きな信頼と期待を得たのである。

4　ガピの結成とミアイの政治参加

さて、前項ではメッカ居住者帰国事業という社会事業によって、ミアイが全国規模の運動としてインドネシア社会での地位を確立したことを述べた。従来オランダ植民地期のミアイは、次項で述べる日本軍政期のミアイやその後続組織マシュミと比べて、宗教・社会活動に従事する非政治的な運動として注目されてきた[88]。しかし実際には、メッカ居住者帰国事業と並行して、ミアイは政治的舞台での発言も増えていく。それはイスラームと政治、国家という議論を深化させ、日本軍政期及び独立後のイスラーム勢力の政治参加やインドネシアの国家形成の土台となる。

ミアイの政治参加を語る上で、二つのイスラーム団体のミアイ加盟と通称ガピと呼ばれるインドネシア政治連合の結成は重要な契機となった。その二つのイスラーム団体とは、一九三九年三月に加盟したインドネシア・イスラーム党（Partai Islam Indonesia, PII）[89]と四月に加盟したインドネシア・アラブ党（Partai Arab Indonesia, PAI）[90]である。この両団体は宗教的な関心だけではなく、インドネシア・イスラーム同盟党同様、政治や民族問題に対する関心が強い団体であった。

前者は一九三二年末、当時のインドネシア・イスラーム同盟党の指導者に反対したスキマン医師（Dr. Soekiman）らが中心となり、ジョグジャカルタでインドネシア・イスラーム党（Partai Islam Indonesia, Parii）として設立された。一九三七年に一度は党の解散とスキマンらのインドネシア・イスラーム同盟党への復党がなされたが、一九三八年一二月、再び党の分裂を強行し、ソロにインドネシア・イスラーム党を設立した［Pringgodigdo 1950: 142-147］。またインドネシア・イスラーム同盟党が対オランダ植民地政府非協調路線であったのに対して、インドネシア・イスラーム党は植民地議会（フォルクスラート）に代表を送るなど対オランダ植民地政府協調路線の団体であった。後者は一九三四年インドネシア生まれのアラブ人によって、インドネシア・アラブ協会（Persatoean Arab Indonesia）として設立され、後にインドネシア・アラブ党と改称した。同じアラブ系の団体であるイルシャードとは異なり、インドネシア・アラブ党はインドネシア民族主義を掲げた団体である［Algadri 1984: 153-170］。こうした団体の加盟も相まって、ミアイは政治的分野への関心を強めていくのである。

前項で述べた国際情勢の悪化は、オランダに大きな危機感を与えていた。ヒトラーのナチスドイツはオランダ本国の脅威となり、一九三〇年代半ばからの日本による南進は植民地インドネシアの脅威となっていた。しかしインドネシアの指導者の中には、こうした国際情勢の混乱を政治改革の好機ととらえる者もいた。パリンドラの指導者ストモ医師（Dr. Soetomo）とインドネシア・イスラーム同盟党の指導者アビクスノ・チョクロスヨソの主導で、一九三八年三月インドネシア・イスラーム同盟党、パリンドラ、グリンド（Gerakan Rakjat Indonesia, Gerindo）、パスンダン（Pasoendan）の代表者による会議が開催された。その結果一九三八年五月、政治団体の団結を推し進めるために、インドネシア政党仲介機構（Badan Perantaraan Partai-partai Politik Indonesia, Bapeppi）が結成された。しかしグリンドとパスンダンの不参加により、実質的な活動は行われなかった［Abeyasekere 1976: 11-13］。

連合体の結成を再度目指すパリンドラは、一九三九年五月二一日、グリンド、パスンダン、ミナハサ同盟（Perserikatan

Minahasa)、インドネシア・イスラーム同盟党、インドネシア・イスラーム党の代表による会議を主催したパリンドラのタムリンは、開会演説の中で、「この会議の目的は、共に人民の境遇を議論し、人民の問題を学び、団結行動を起こすための統一体の結成である」と述べ、民族や政治を主眼とする諸政党の連合体としてガピが結成された。この会議に参加した六団体に加え、その設立に同意を示したインドネシア・カトリック党（Partij Politiek Katholiek Indonesia, PPKI）も後に加盟した。事務局には、書記官にアビクスノ・チョクロスヨソ（インドネシア・イスラーム同盟党）、書記官補佐にアミール・シャリフディン（Mr. Amir Sjarifoeddin グリンド）、会計にタムリン（Thamrin パリンドラ）の三名がついた。(91)

一九三九年九月一九、二〇日、ジャカルタで開催されたガピ総会には、前述のガピ会員七団体の代表が出席した。その中で、「人民により人民の選んだ議会が政府を組織し、政府は議会に責任を負う。上記の要求が要求期間内に実施されれば、ガピは、インドネシア人をオランダ指示に向けて指導する」という内容を含むガピ宣言を発表した［増田一九七一：一〇〇］。これ以降、ガピは常に「インドネシア議会制定」運動を柱に活動を行う。

同年一〇月一二、一三日ミアイ事務局は、このガピ宣言を議論するために緊急会議を開催した。インドネシア・イスラーム同盟党、ムハマディヤ、インドネシア・イスラーム党、インドネシア・アラブ党、プルシス、イルシャード、アル・ハイリヤ・スラバヤ、ナフダトゥル・ウラマーの代表がこれに出席した。協議の結果「ミアイはインドネシア議会制定におけるガピの行動に同意する。そのことはイスラーム法に則している」と述べ、ガピ宣言への賛同を表明した。また「ガピが開催を予定するインドネシア人民会議（Kongres Ra'jat Indonesia, KRI）への同意」と「ミアイ事務局もイスラーム問題における補佐や顧問として、インドネシア人民会議に使節を送る」ことを決定した。(92)こうしてミアイとガピは、インドネシア議会制定運動を通して連携を深めていく。しかしそこでは、イスラームを掲げるミアイと民主主義を掲げるガピの間で、常に意見の相違が見られる。同年一二月二三から二五日、インドネシア議会制定をスローガンとする第一回インドネシア人民会議がジャカルタで開催された。しかしオランダ本国の混乱や一九四〇年五月一〇日以降の戒厳令により、政治的な公開会議が禁止されたため、インドネシア議会制定の計画はしばらく進展しなかった。八月のガピ総会では、フォルクスラートを改革した民主的な議会案が提案された。さらに一二月には、オランダ植民地政府によって結成されたヴィスマン委員会との協議のために、ガピが国家原則案を作成することが発表された［Abeyasekere 1976: 51-70］。

こうしたガピの行動に不満を抱いたミアイ理事会は、一九四一年一月一九日にガピ執行部との合同会議を開催した。その中で「インドネシアはイスラームの国であるとガピが認めるよう要求すること」、さらに「イスラームに即した国家原則案をガピに提言すること」を決定した。その原案作成は、ミアイ理事会メンバーから、ムハマディヤ、ナフダトゥル・ウラマー、イルシャードの三団体に委任された。(93)

同年四月一九、二〇日に開催された第三回ミアイ理事会会議では、三団体によって作成された国家原則案を審議し、「国家元首はイスラーム教徒から選ぶこと」、「大臣の三分の二はイスラーム教徒から選ぶこと」、「イスラーム省の設立」、「インドネシア国旗として紅白旗に三日月の紋様を入れること」などを含むミアイ理事会による国家原則案を発表した。(94) しかし、こうしたミアイ理事会案に対して、ガピに加盟する非イスラーム系団体はもちろんのこと、イスラーム指導者からも否定的な意見が述べられた。スマトラ出身の高名なウラマーであり、当時の有力イスラーム誌『プドマン・マシャラカット』の編集主筆を務めるアブドゥル・マリク・カリム・アムルラ（H. Abdul Malik Karim Amrullah、通称ハムカ）は、インドネシアにおけるムスリム人口を考慮すれば、あえてこうした取り決めをする必要性はないことを述べている。また、インドネシア・アラブ党の指導者バスウェダン（Baswedan）は、ミアイの政治問題への介入と、原案を作成した三団体が政治的性格を持たないイスラーム団体であることを批判した。(95) こうした批判を受け入れ、ミアイは政治問題に介入しないことを表明するが、(96) その後もミアイの政治問題に対する発言は続いた。

オランダ植民地政府は、こうしたミアイの政治的発言に警戒心を強めていった。インドネシア・ムスリム会議を翌月に控えた一九四一年六月一四日、アビクスノ・チョクロスヨソは法務長官に呼び出され、「七月のインドネシア・ムスリム会議では、国家原則についての議論を禁止すること」、「ミアイ総会で政治問題を議論する場合、出席者は最大七〇名までにすること」が告げられた。(97)その結果、インドネシア・ムスリム会議では政治問題について議論されなかったが、会議開始前に「インドネシア議会開設を要求する」と書かれた布が壁に設置され、植民地政府の代表の命令で撤去されるという出来事が起きていた。(98)ミアイ総会では、政治問題についても審議され、「イスラームに基づくインドネシア議会設立を要求するという決議が下された。(99)

一九四一年九月一三、一四日には、インドネシア人民会議を発展させ、インドネシア人民協議会（Madjelis Rakjat Indonesia）が結成された。第一の目的には、インドネシア人民会議同様、インドネシア議会設立が掲げられた。この協議会の運営を行うインドネシア人民協議会理事会（Dewan Pemimpin Madjelis Rakjat Indonesia）のメンバーには、ガピとミアイと公務員労連（Persatoean Vakbonden Pegawai Negeri, PVPN）から各五名、合計一五名が選ばれた。つまり、三つの連合体による大同団結を目指して、この協議会は結成されたのである。(100)ミアイからは、ミアイ理事会の五名がそのままインドネシア人民協議会理事会の役職に就いた。

しかし、この大同団結の動きはすぐに終了する。一九四一年一二月、インドネシア・イスラーム同盟党は「ガピがその活動を独占し、他の二つの連合体を軽んじている」(101)ことを理由に、ガピからの脱退とインドネシア人民協議会理事会からの辞任を発表した。ミアイ理事会はインドネシア・イスラーム同盟党の決定を支持し、ミアイ理事会の五名全員がインドネシア人民協議会理事会の職を辞することを決めた。(102)その後、インドネシア人民協議会の分裂を避けようとする試みがガピによって行われたが、すぐに日本軍政期を迎え、インドネシア人民協議会もそれと共に終了する。

以上見てきたように、ミアイは宗教的連携であり政治活動をすべきではないという批判がある一方で、その取り組みや発言は、多くのインドネシア・ムスリムが国家と宗教の問題を考える契機となった。本文中で述べた第三回ミアイ理事会会議開催のアナウンスにおいて、ミアイ自身もみずからが政治的性格の連携ではないことを認めながら、それでもインドネシア議会制定に関する活動を行う理由として次のように述べている。「ガピによって作成された国家原則案は、将来、全インドネシア五千万のウマット・イスラームの利害や生死にかかわる問題である。将来のウマット・イスラームの運命について可能な限り熟考することは、ミアイの義務である。すべてのイスラーム団体がガピや他の政治政党の宣言を熟慮し学ぶことを要請する」と述べ、この問題に対するインドネシア・ムスリムの積極的な関わりを求めていた。こうした活動は、「イスラームに基づく」国家原則としては達成されなかったが、独立インドネシアは、その国是パンチャシラの第一項にイスラームも包括する「唯一神への信仰」を掲げている。また、イスラーム省は独立後に宗教省として実現した。こうしたことを踏まえるとオランダ植民地期末期のミアイは、ムスリムが宗教と政治に関する議論を深化させ、日本軍政期や独立後のムスリムの政治参加を進める礎となった時代と言えるだろう。

四　日本軍政期のムスリムの連携活動（一九四二〜一九四五年）

一九四二年一月一一日、日本軍による作戦行動がスラウェシ島北部のメナド付近で始まり、三月にはジャワに上陸し、三月八日、オランダは日本軍に無条件降伏をした。これにより、三世紀半にわたるインドネシアでのオランダ植民地支配の歴史は幕を閉じた。それは同時に、三年五か月に及ぶ日本軍政期の始まりであった。

前節ではメッカ居住者帰国事業を通して、インドネシア・ムスリムのみならず、オランダ植民地政府やインドネシア社会内で大きな影響力を行使すべく前進したミアイであったが、日本軍の侵攻とともに、事態は転換する。本節では、日本軍政期のミアイとその解散とともに設立されたマシュミについて考察する。[103]

1　日本軍政によるミアイの承認

日本軍は一九四二年三月七日、軍政布告第一号で「在来の宗教は之を尊重する」という方針を示した〔小林　一九九七：二三二〕。侵攻直後から日本人ムスリムや軍政関係者が各地のモスクを度々訪れ、「ムスリムへの期待」を述べ、宗教尊重の姿勢を示そうとした(104)。一方で、学校教育で日本語以外の外国語の教育を禁じたため、アラビア語の教授もできなくなり、宗教教師からの大きな反発を買っていた〔小林　一九九七：二三二〕。さらに、天皇がいる東京の方角へ向かって敬礼を行う最敬礼は、その動作がムスリムの礼拝の動作と酷似し、それを同じ人間に対して行うことへの抵抗感から、ムスリムから大きな反発を受けた〔図3―a、3―b〕。

このように次々と起こるムスリム問題に対処すべく、日本軍政はあらゆるチャンネルを使って、現地の情報収集に当たっていた。そのことは、インドネシア・ナショナリズム運動の指導者であり、独立後に初代副大統領となるハッタ（Mohammad Hatta）の記述からもうかがえる。以下は、ハッタが彼の補佐役である三好俊吉郎に対し、自身のイスラーム問題についての意見を述べている場面である〔大谷　一九九三：四四三〕。

図 3-a　最敬礼［*Pandji Poestaka* 21 (9), 15 May 1943: 297-298、インドネシア国立図書館所蔵］

図 3-b　礼拝（同上）

宗教問題はきわめて微妙です。いろいろな解釈があり、少なくとも二派あります。現在はムハマディアの解釈とナフダトゥール・ウラマの保守的な解釈です。なお、全インドネシア・イスラム会議ＭＩＡＩの相談所がここにあり、会長はムハマディアから出ていますが、理事のアシェアリ氏はナフダトゥール・ウラマからです。宗教問題については日本の軍事政府はまずこのミアイ事務所に訊ねることです。

これらの発言は文章としてまとめ、ハッタは三好に提出したとのことである。日本軍政が、イスラーム政策を決定していく中で、彼の意見を参考にしたという記録は筆者の手元には存在しない。しかし、当時のハッタは軍政に対し助言を行う軍政顧問という立場にあった。彼の意見が日本のイスラーム政策を決定する際に参考にされた可能性も十分考えられる。(105)

これに対して、イスラーム勢力はどのような行動をとったのだろうか。一九四二年五月五日には、ミアイ理事会の代表として、マンスール、ウォンドアミセノ、アル・カヒリ（Fahroedin Al-Kahiri）の三名が、宗務部長(106)の堀江長蔵大佐のもとを訪れ、イスラームに関係するあらゆる事柄において、ミアイが協力する意思を伝えた。(107)その後、五月一六、一七日、スラバヤで宗務部とミアイが、日本軍政の代表とイスラーム指導者の会合を開催し、堀江大佐は、再度日本のイスラーム尊重の姿勢を伝えている。(108)

六月にはミアイ事務局（Sekretariaat MIAI）がスラバヤからジョグジャカルタのムハマディヤ本部に移され、今後はムスリムの社会・経済活動に重きをおくことが示された。(109)これは、政治活動を嫌う日本軍政への配慮であろう。こうして、ミアイと宗務部の関係が始まり、ミアイと宗務部は、ジョグジャカルタ、ソロ、スラバヤなどで、合同集会を開催し、日本の戦争遂行目的とイスラーム尊重の姿勢を示している。

一九四二年九月四日から六日、ジャカルタで日本軍政の代表とイスラーム指導者による会議が行われた。この会議は、3A運動[110]の一部である、ウマット・イスラーム団結準備会（Persiapan Persatoean Oemmat Islam）が主催したもので、ミアイからもウォンドアミセノ、マンスールなどが出席した。[111]この会議の中で、ムスリムの指導者としての地位を、ウマット・イスラーム団結準備会からミアイに引き継ぐことが決定され、イスラーム諸団体がミアイに加盟するよう推奨された。[112]また、すべてのイスラーム問題をミアイに任せるという決定も下され、[113]これによりミアイは、事実上、日本軍政に公認された組織となったのである。

九月には、ジャカルタにミアイ事務所（Pimpinan Harian MIAI）が置かれ、ウォンドアミセノ、マフッズ・シディック、カスマン・シンゴディメジョ（Kasman Singodimedjo）が指導部に就いた。[114]さらに、九月一〇日には西部ジャワのスカブミで、九月二六日には同じく西部ジャワのスバンで集会を開き、オランダに対する絶対的な反抗姿勢と日本軍政のさらなる強化のために軍政に協力するという、ミアイの態度を表明している。[115]こうした活動により、日本軍政とミアイの協力体制が広く民衆にアピールされていった。

2　日本軍政期のミアイの目的とバイトゥル・マル

ミアイとの協力を決めた日本軍政は、前項で述べた集会開催の他に、出版物でも宣伝活動を行っている。一九四二年一〇月一三日発行の『パンジ・プスタカ（*Pandji Poestaka*：本の旗）』のレバラン（断食明けの大祭）号では、ミアイの特集が組まれ、堀江大佐によるムスリムへの期待を述べた論考や、ウォンドアミセノによる日本軍政に対するミアイの態度を述べた論考などが掲載された。一二月八日には興亜祭（開戦記念日）に合わせて、ミアイの機関誌『スアラ・ミアイ（*Soeara MIAI*：ミアイの声）』の記念号が出版され、翌年の一月一日から正式に発行が開始された。

この雑誌の興味深い点は、「毎号、本雑誌の中で金曜礼拝のフトバ（説教）を掲載する。その目的は、ハティーブ（モスクの説教師）がそのフトバをそのまま利用する、もしくはそのフトバの内容を参照することで、金曜礼拝に出席した人も、神からの報酬を得ることができる」[116]と述べている点である。実際には、毎号フトバが掲載されることはなかったが、掲載されたフトバや論考には、必ず日本軍政の賞賛やプロパガンダが含まれていた。それらを通して、日本軍政はその意図を広く民衆に伝えようとしたのである。

さて、日本軍政期のミアイの目的はどのように定められたのだろうか。一九四二年一一月一四、一五日、ジャカルタでミアイ総会が開催され、新しいミアイ組織綱領が定められた。そこに記されたミアイの目的は、オランダ植民地期のものとは大きく異なるものであった。これまでミアイがその目的として掲げていた「イスラーム団体の団結」や「海外ムスリムとの連携」といったことは省かれ、その目的の最後に、「大日本による指導のもと、大東亜共栄圏を達成するために、新しい社会建設に最大限の力で協力すること」[117]という一文が記された。

また、執行部の再編も行われ、理事会（Dewan）の総裁にウォンドアミセノ、書記にハルソノ・チョクロアミノト（Harsono Tjokroaminoto）、会計にジュナエディ（R. H. O. Djoenaedi）が就き、ワヒド・ハシム他三名が理事会会員となった。さらに、執行委員（Anggota Pengurus MIAI）には、イスラーム諸団体の中から代表者二〇名が選ばれた[118]。これほど多くの人物がミアイ執行部に選ばれたことはかつてなく、その背景には、イスラーム諸団体をミアイのもとで再結集させるという日本の目的があったと考えられる。さらに、新たにミアイ顧問（Badan Penasehat MIAI）という部署が設置され、この部署の総裁にはハシム・アシュアリが就き、マンスール、アフマド・スールカティ、ハムカ、アフマド・ハサン（Ahmad Hasan）、アリー・アルハブシ（S. Ali Alhabsji）といったインドネシア・イスラーム世界を代表する人物がそのメンバーに名を連ねた[119]。その他に、別班回教工作班からアブドゥル・ハミッド・小野とアブドゥル・ムニム・稲田もそのメンバーに選ばれている。こうしてミアイは、多様なイスラーム団体の指導者と日本軍政の代表者で構成される組織となった。

一二月八日には、興亜祭を祝うイヴェントがミアイ主催で開催され、各地から招待されたウラマーとともに、スカルノやハッタなどの民族主義指導者、宗務部の代表が出席した。日本側からは宣伝部の清水斉が、「この戦争の本質は、宗教的原則と異なるものではない、すなわち神聖な権益のために剣を持つことをためらわない」と述べ、ウラマーたちに戦争への協力を呼びかけた。(120) 翌九日にもミアイ主催の集会が開催され、六〇〇〇名以上がこれに参加し、再び清水によって「この戦争が大東亜建設のための聖戦である」という趣旨の演説が行われた。(121)

このような日本のプロパガンダを伝える活動の他に、ミアイが行った重要な活動として、一九四三年から始まる一連のバイトゥル・マル（Baitul Mal）キャンペーンがあげられる。これはザカット（救貧税、喜捨）徴収を資金源にした社会事業であり、第二回インドネシア・イスラーム会議（一九三九年五月）からミアイにより度々審議されたが、実現していなかった。(122)

一九四二年六月、プリアンガン州長であるウィラナタクスマ（R. A. A. Wiranatakoesoemah）を長とするバイトゥル・マル委員会（Badan Baitul Mal）が結成され、バンドゥンでは一足先に、独自にバイトゥル・マルの活動が開始された。(123) その背景には、オランダ植民地期にザカットが宗教税として徴収され、その配分や用途がイスラームの教義に則していないというムスリムの不満があった。それらの状況を正し、ザカットを組織的に徴収・管理し、孤児や貧困者救済といった用途で使用するために始められたのがこの活動である。その後、この委員会を本部とし、バンドゥン各地で、バイトゥル・マル支部が設立された。(124)

その成功は、ミアイ理事会総裁ウォンドアミセノのもとにも届き、一九四三年一月、彼はバンドゥンを視察し、バイトゥル・マルの活動をミアイ主導で全ジャワに拡大したいと考えるようになった。(125) 一九四三年一月末、ミアイ理事会が会議を主宰し、ウラマーやバンドゥン県長出席のもと、ミアイがバイトゥル・マルの活動を全国で行うことが決定された。(126) バンドゥン県長によってバイトゥル・マルの歴史や方法が説明され、すぐにジャカルタのバイトゥル・マルの支部が設立された。一九四三年四月一一日、バンドゥンのバイトゥル・マルがミアイによるバイトゥル・マルの支部となることが正式に決定され、本格的にミアイ主導のバイトゥル・マル・キャンペーンが開始された[127]。ミアイ執行部のウォンドアミセノとカルトスウィルヨ（S. M. Kartosoewirjo）が中心となってジャワ各地を巡り、バイトゥル・マルの設立を呼びかけた[128]。

ミアイによるバイトゥル・マルも、バンドゥンのそれをモデルに行われた。ミアイ・バイトゥル・マル規則によれば、その目的は次の二つとされている。一つ目は「イスラーム教徒の貧困者、旅人、新改宗者、債務者、徴税官、宗教を広める活動を行っている者の手助けをし、思いやること」、二つ目は「困難な状況にある一般民衆を様々な方法で助けること」である。この目的を達成する方法として次の五つがあげられている。一つ目は「宗教を広め、より深めること」、二つ目は「ザカットやサダカ（喜捨）を集めること」、三つ目は「貧困者の家を修理、新築すること」、四つ目は「同一民族の貧困者の健康を守るため、病院の建設、または医者を準備すること」、五つ目は「モスクの維持・修繕、または必要な場所に新たにモスクを建設すること」とされている。これらを見て分かるように、イスラームの教えがバイトゥル・マルの基本原理となっている。さらに、隣人同士の相互扶助が、活動の中で推奨された。

その運営を行うために各地に次のような組織が設立された。ミアイ理事会を頂点に、バイトゥル・マルを設立する県では、まず「バイトゥル・マル会議」（Madjlis Baitul Mal）が設置された。この組織は、その県のバイトゥル・マルの活動を統括する行政本部のようなものであったと思われる。その下に、県、村、区といったより小さな行政単位まで、バイトゥル・マルの支部がそれぞれ設置された[129]（図4）。一九四三年八月までに、三五の県でバイトゥル・マル会議が設立されている[130]。こうした活動と並行して、スラバヤやチルボンなどでは、ミアイ領事（Konsul MIAI）というミアイ理事会の地域本部のようなものが設立された[131]。これらはバイトゥル・マル・キャンペーン以前には確認できないことからも、バイトゥル・マルの活動を通して、ミアイ自身もその組織を拡大していったのであろう。こうしてミアイは、地域の末端にまで独自のネットワークを確立した。前節のメッカ居住者帰国事業でのミアイ支部設立がどの程度進め

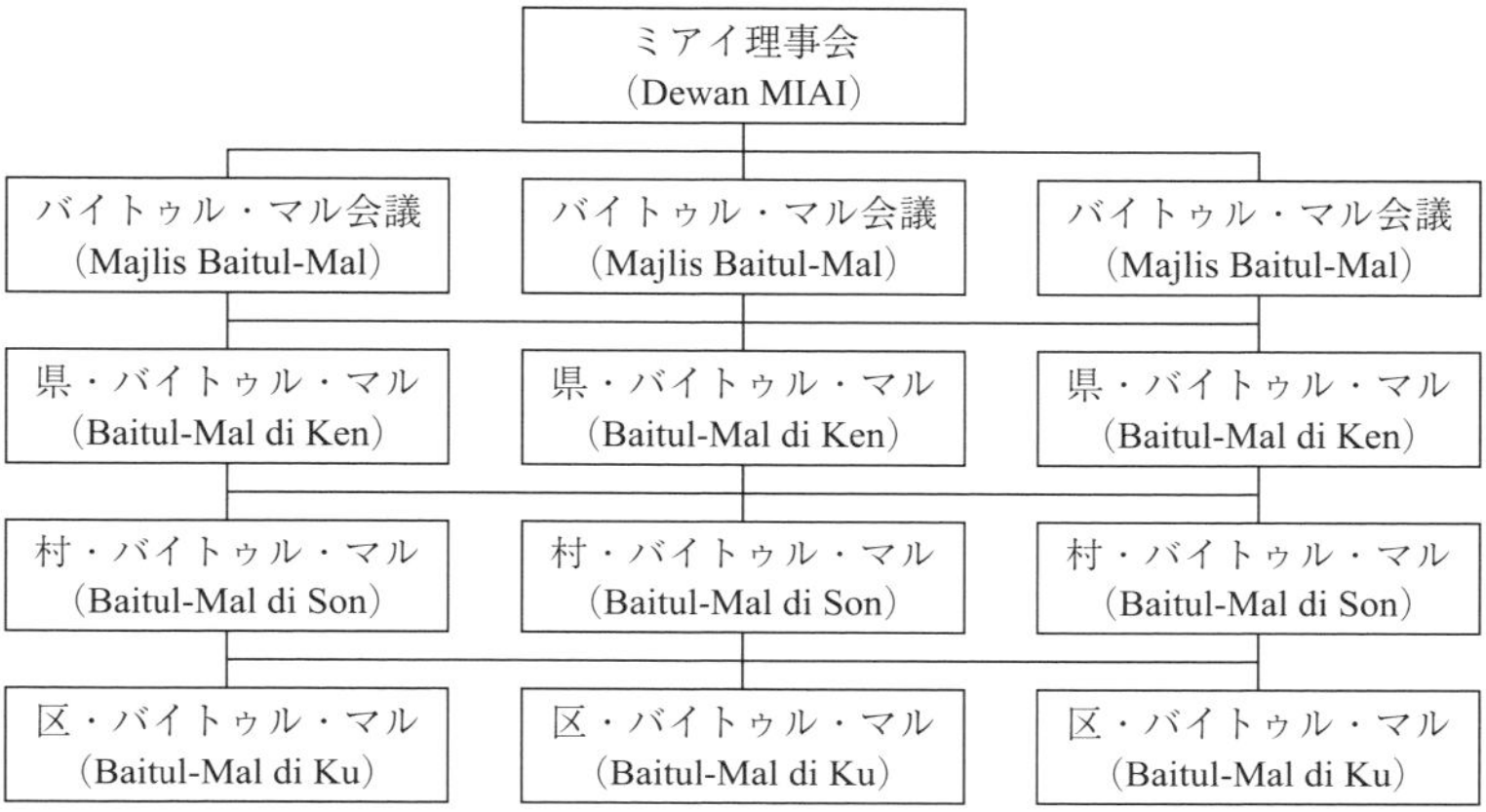

図4　バイトゥル・マル組織図（出典　*Soeara MIAI* 1 (13), 1 July 1943: 5 をもとに、筆者が作成）

られていたかは分からないが、バイトゥル・マル・キャンペーンによる拡大は、おそらくそれ以上であったと考えられる。

また米の供出など日々の活動を行うために、最大四〇世帯を一つの集団とし、その集団の長はロイス（Rois）という名で呼ばれた[132]。米の供出は基本的に毎日行うこととされ、その回収作業は各世帯が日替わりで行うことになっていた。この回収作業を通して、隣人同士の結びつきを強め、地域レヴェルでの治安維持という狙いがあったようである。つまり、米の回収作業は同時に地域の見回りという意味も持っていた。これらの活動は、治安維持と食料の安定供給を図りたい日本軍政にとっては大きな利点であり、バイトゥル・マルの活動が容認された要因である。

しかし、バイトゥル・マルに関するキャンペーンは、ミアイ解散とともに突然終了する。その背景には二つのことが考えられる。一つには、バイトゥル・マルの運営によって、ミアイが独自に得た全国規模のネットワークを日本軍政が危険視したことである[133]。ミアイ解散の一〇月以降も、その主導権をミアイからバンドゥンのバイトゥル・マル本部に移し、一部の地域ではバイトゥル・マルの活動が継続されており、日本軍政は当初、その活動自体を禁じたわけではなかった[134]。しかし、その拠点がバンドゥンに移った一〇月以降、バイトゥル・マルは「隣組」[135]との連携が推奨されるようになる。おそらくそれが、バイトゥル・マル・キャンペーン終了のもう一つの理由であろう。ジャワでは、一九四四年一月から本格的に「隣組」が開始されており、バイトゥル・マルの活動から日本軍政が得る治安維持や食料供給といった利点は、「隣組」から得るそれとほとんど変わらないものだったのだろう。イスラームを基本原理とするバイトゥル・マルの活動は、日本軍政にとってもはや危険な存在でしかなかったのかもしれない。「インドネシア・ムスリムの団結」を目的に掲げ、オランダ植民地期からムスリムの連携を先導してきたミアイは、その連携が頂点に達したところで、終焉を迎えることとなった。

3　ミアイの解散とマシュミの設立

一九四三年九月一〇日、日本軍政はムハマディヤとナフダトゥル・ウラマーを正式に認可した。[136] これにより、日本軍政によって公認された二団体と、非公認のその他の団体という構図がうまれた。これはまた、日本軍政による新組織設立の準備でもあった。正式にミアイの解散と新組織インドネシア・ムスリム協議会（Madjlis Sjoero Moeslimin Indonesia, MASJOEMI　通称マシュミ）の設立が発表されるのは、一九四三年一〇月二四日のことであるが、一〇月一〇日の『アシア・ラヤ（*Asia Raja*：大アジア）』は、「すでにミアイが解散し、新組織マシュミが設立されたこと、そしてムハマディヤとナフダトゥル・ウラマーの二団体のみがその会員であること」[137]を伝えている。先の日本軍政による二団体承認の前後には、水面下でミアイ解散とマシュミ設立が進められていたことがうかがえる。

それでは、いったい誰がどのような目的でそれを行ったのだろうか。一一月二二日、マシュミ設立が軍政監によって合法化され、[138] 軍政監部宗務部が同盟に対してマシュミ設立の説明を行っている。以下はその抜粋である。[139]

（前略）二つの最も大きなイスラーム団体、つまりムハマディヤとナフダトゥル・ウラマーの設立を軍政が合法化するという発表をした後、ムスリムの間でより一層強い指導力を発揮することができる、新しい組織を結成したいという願望が生まれた。そういった願望があったため、一〇月二四日にミアイは総会を開催し、その総会の中で、強い信念に基づいてミアイを解散し、社会の進歩の速度と同じぐらい急速な進歩を〔筆者補足：ムスリムが〕獲得するよう、ムスリムのあらゆる力を結集させるための、イスラーム団体を統一する組織を結成することが決定された。同日、総会の出席者たちは、誰が新しい組織を設立し、その新しい組織設立の申請書を政府に提出するか、またその組織名をインドネシア・ムスリム協議会（マシュミ）とすることが決定された。

この説明では、一〇月二四日にミアイの解散とマシュミの設立が決定したと述べられているが、それは、先に述べた『アシア・ラヤ』の記事と矛盾する内容である。また、ミアイ解散とマシュミ設立は、ムスリムが自発的に進めたと述べている。しかし、これについて、ワヒド・ハシムは「独立宣言から八年目を迎えて」という論考の中で、次のように述べている［Aboebakar 1957: 331］。

精神は完全に日本に降伏し、日本は、全民衆、全集団の心身を破壊するという計画を実行した。その計画を受け入れたのは、ナショナリストの指導者だけではなく、イスラーム指導者も同様である。ミアイは日本によって強姦され、マシュミへと変えられた。

このワヒド・ハシムの言葉からも分かるように、ミアイ解散とマシュミ設立は日本軍政によって進められたのである。そのことは、一九四三年一一月一七日に定められたマシュミ組織綱領(140)を見ればより明白になる。例えば、その第三条ではマシュミの目的について、「（前略）大日本主導のもと大東亜共栄圏を建設するために、全ウマット・イスラームが手助けをし、その力を貢献する。そのことは、アッラーの命令と確かに合うものである」と記されている。前半部分は、日本軍政期のミアイの目的でも述べられていたことである。注目すべき点は、後半部分の、大東亜共栄圏を建設するための手助けが、「アッラーの命令と確かに合うものである」という一節である。これは、日本軍政がムスリムに対するプロパガンダの中で繰り返し述べたことであり、時にはこの戦争がムスリムにとっての聖戦であるとさえ述べていた。また、ミアイの目的に記されていたような宗教実践に関する事柄は、一切明記されていない。そしてマシュミ会員について記した第五条では、「ジャワで日本軍政によって許可されたすべてのイスラーム団体」と定められている。つまり、日本軍政の許可がなければ、マシュミに参加することもできなかったのである。さらに第一九条では、「本団体は政治的活動を行わない」という政治活動に関する文面が加えられている。

前節で述べたようにオランダ植民地期のミアイは、メッカ居住者帰国事業やガピとの連携などを通して、植民地政府に対する政治的活動や発言を度々行っていた。バイトゥル・マル・キャンペーンは、ミアイのそうした政治性を日本軍政に再認識させることとなった。だからこそ、日本軍政は、政治色が薄く、改革派と伝統派を代表するムハマディヤとナフダトゥル・ウラマーの二団体に絞りマシュミを設立したのである。バイトゥル・マル・キャンペーンの中心にいたウォンドアミセノとカルトスウィルヨは、これ以降日本軍政期を通して表舞台に立つことはなかった。彼らの所属団体であり、一九一〇年代からイスラーム政治団体として指導的な役割を担ってきたインドネシア・イスラーム同盟党も同様である。日本軍政によって公認されることはなく、マシュミの会員になることもできなかった[141]。日本軍政はムスリムの団結を呼びかけたが、それはあくまでも日本軍政への協力のための団結であり、ミアイが意図したインドネシア・ムスリムの団結とは根本的に異なるものであった。こうして日本軍政は、みずからの意向に沿わせる形で、日本軍政と民衆の仲介者となるイスラーム指導者の拠点としてマシュミを設立したのである。

４　マシュミの活動

一九四三年一一月二二日、マシュミは日本軍政監によって合法化され、総裁にハシム・アシュアリ、副総裁にマス・マンスールとワヒド・ハシムが就いた。また、ナフダトゥル・ウラマー総裁のワハブ・ハズブラとムハマディヤ総裁のキ・バグス・ハディクスモ（Ki Bagoes Hadikoesoemo）がマシュミ顧問となった。[142]こうしてムハマディヤとナフダトゥル・ウラマーを中心に設立されたマシュミは、宗務部の影響下で日本軍政の宣伝活動に従事する組織となっていった。この二つのイスラーム団体の代表によって開催されたマシュミ会議では、「一九四三年一二月八日の興亜祭と同日にある犠牲祭で、最終的勝利のための祈りを全国のモスクで行うこと、また全ウマット・イスラームがこの聖戦のために最大限にその力を貢献するよう提言すること」が決定された。[143]翌年三月七日の預言者生誕祭でも、マシュミによって同様のイヴェントが開催されている。[144]このように日本やムスリムの祝日に日本の勝利を祈るイヴェントを全国で開催し、民衆の団結と日本軍政への協力を促すことが頻繁に行われた。このような機会は、日本軍政のプロパガンダを伝える重要な場となっていた。

またマシュミは、日本軍政による様々なキャンペーン活動への協力も行った。一九四三年一二月二〇日、ジャカルタでマシュミの会議が開催され、日本軍政による食料増産キャンペーンへのマシュミの対応が話し合われた。この会議では、各州にムハマディヤとナフダトゥル・ウラマーから選ばれた二名の代表を置き、彼らが責任者として宗務部と連携しながら、各郡や市の宣伝部隊を結成することが決定された。[145]また、その宣伝部隊の構成は、キヤイ（ウラマー）二、三名と農業専門家一名とされ、キヤイ（ウラマー）についてはその地区に居住する者に限定されていた。このことからも、日本軍政が在地のイスラーム指導者の影響力に期待していたことがうかがえる。しかし、これらの原案はすでに宗務部で決定されていたようで、この会議ではその確認と承認が行われたに過ぎないだろう。[146]

さらに日本への協力者を養成するキヤイ（ウラマー）講習会[147]とともに、ウラマーの戦争協力を促す活動がマシュミと宗務部によって進められた。一九四四年四月二五、二六日には東部ジャワのスラバヤで、六月二五、二六日には中部ジャワのソロで、七月三〇、三一日には西部ジャワのバンドゥンでと全ジャワを網羅する形で、マシュミによるウラマーとの会合が開催された。これら一連の会合では、ウラマーが持つ民衆の指導者としての役割が強調され、ウラマーが先導して人民とともに「ジャワ闘争の砦（Benteng Perjuangan Jawa）」として団結することが提言された。[148]

一九四四年四月からは、各州庁と特別市に、宗務部の支部となる宗務課（Bagian Oeroesan Agama）が設置された。[149] この宗務課には、ジャカルタでの講習会を終えたイスラーム教師たちが主として配属された［倉沢 一九九二：三八二］。さらに、一九四四年八月一日には、宗務部の改編が行われ、宗務部長にはマシュミ総裁であるハシム・アシュアリが就任し、新しく設置された宗務部次長にはムハマディヤ系のアブドゥル・カハル・ムザッキル（H. A. Kahar Moezakkir）、宗務部参与にはワヒド・ハシムが就任した。[150] これにより、宗務部とマシュミは、共通の指導者を持つ組織となり、その連携は一層強化された。

中央レヴェルでは宗務部とマシュミ本部、地方レヴェルでは宗務課とマシュミ支部が相互に連携することが促され、[151] 全国規模の連携が進められた。これまでも、全国規模のムスリムの連携は、メッカ居住者帰国事業やバイトゥル・マルの活動を通して行われてきたが、それらと決定的に違うのは、政府職員として、イスラーム指導者が多く雇用されたことである。それにより、こうした連携は公的な地位を兼ね備えたものとなったのである。ミアイの解散とマシュミの設立によって、その政治性を極力排除しようとした日本軍政であったが、こうした日本軍政の方針は、結果的にムスリムを中央、地方の政府機構の中に参加させ、彼らの政治参加への契機となった［小林 一九九七：二四〇］。こうして宗教行政がムスリム自身の手にわたる中で、インドネシア・ムスリムをさらに歓喜させる出来事が起きた。

一九四四年九月七日の小磯声明により、将来のインドネシア独立が容認された。これにより、インドネシアの人々は、インドネシアの独立をより身近なものと考えるようになった。この小磯声明に対して、世界イスラーム会議の長であるムハンマド・アミーン・アル・フサイニー（H. Muhammad Amīn Al-Husaynī）から、「約六〇〇〇万人のムスリム人口を擁するインドネシアの運命に、全世界のムスリムが高い期待を寄せている」という内容の電報が届けられた[152]。これに対し小磯首相は、「日本は長い間、独立を失ったムスリムの国々の理想への高い関心を抱いている」という返答をしている。

一九四四年一〇月一二日から一四日にかけて開催されたマシュミ会議では、この小磯声明と、両者のやり取りについて話し合われた。その中では、「インドネシアの独立はインドネシア・ムスリムの独立を意味し、宗教法（シャリーア）を行使するための重要な条件である」という意見が述べられた。また小磯首相の返答は、インドネシアがムスリム国であることの承認であるという意見も生まれ、前項で述べたインドネシアの国家原則について、ムスリムの関心を再燃させることとなった。この会議では、「インドネシアのウマット・イスラームは、インドネシアの独立とイスラーム教の独立を享受できるよう準備する」という決議が下され[153]、これ以降のマシュミの活動は、日本軍政への協力を行いながら、独立後のインドネシアを見据えた活動となっていった。

翌一一月からマシュミは、ヒズブラ（Hizbullah）という軍事組織の設立とイスラーム高等教育機関（Sekolah Islam Tinggi）の設立を審議している。前者は、日本側の意向が反映されたものと考えられるが、一九四五年二月、マドラサ（近代的な宗教教育機関）やプサントレン（寄宿制の伝統的宗教教育機関）の学生を中心に結成された。後者は、インドネシア・ムスリムがオランダ植民地期から議論してきた問題であり、終戦間近の七月に設立された。また一九四五年一月からは、この二つの問題に加えて、ムスリムの預金問題についてマシュミで話し合われている。聖典クルアーンによってリバー（利子）が禁じられているため、インドネシアでも、オランダ植民地期から預金に付けられる利子がクルアーンで禁じられるリバーに当たるのかが議論されていた。こうした中でマシュミは、今までの通帳とは別に、ムスリムのための利子のつかない特別な通帳を準備することを発表した[154]（図5）。

ワヒド・ハシムはこうした議論の中で、「インドネシアの独立が目前に迫った今から、我々の状況を改善する準備を

図5　マシュミ通帳（出典 *Asia Raja* 4 (27), 31 January 1945: 1、インドネシア国立図書館所蔵）

しなければいけない[155]」と述べており、後者二つの活動は、明らかに独立後のインドネシア・イスラーム社会を見据えた活動であった。

そうしたことは、日本軍政のキャンペーン活動の場でも行われた。一九四五年三月から四月にかけて、住民統治政策の一貫として、民衆が守るべき三三の指針を定めた新生活運動（Gerakan Hidoep Baroe）がジャワで展開された。マシュミ副総裁であるワヒド・ハシムは、この運動の四大指導者の一人に選ばれ、積極的な関わりを見せた。この運動へのワヒド・ハシムの関わりについて、アブバカル（H. Aboebakar）は、以下のように述べている［Aboebakar 1957: 346］。

> 第七回中央参議委員会議で提言された新生活運動に協力する中で、マシュミは次のような機会を得た。その機会とは、闘いに向けてウマット・イスラームを準備するためのより広い機会である。新生活運動で用いられた合計三三の指針は、マシュミによって三三のクルアーンの節に完全にすり替えられた。その結果、その指針すべてを達成することは、日本精神に従って作られた新しい生き方ではなく、イスラーム的な生き方ということに置き換えることができる。ワヒド・ハシムによる外交のなんとすばらしいことか。

つまり、これまで日本軍政がその宣伝活動のためにイスラームを利用したのとは逆に、マシュミはこの運動への協力を通して、自身の純然たる宗教活動を行ったのである。日本軍政期という厳しい環境下で、その組織構成や活動は制限されながらも、彼らは、インドネシア・ムスリムのために、そして来るべき独立後のインドネシア・イスラーム社会のために活動したのである。

おわりに

本書では、植民地期末期のインドネシアにおけるムスリムの連携活動に焦点をあて、それらの目的や活動内容を論じてきた。それらを分類すると、①一九二二年から開催された東インド・イスラーム会議、②一九三七年に設立されたオランダ植民地期のミアイ、③日本軍政期に再編されたミアイ、④その解散によって設立されたマシュミの四つに分けられる。

①と②については、ムスリムが主体的に進めた連携であるのに対して、③と特に④については、半ば日本軍政によって従属的に進められた連携であった。ここに於いて、連携組織としてのミアイとマシュミは、完全に一直線上にあるものとは言い難い。両組織の目的や構成が大きく異なることは、本書で示したとおりである。

しかしこれらの活動内容には、それぞれの時代を通していくつかの共通点が見られた。その最たるものが宗教行政である。オランダ植民地期には、婚姻法や遺産相続法といった植民地政府によるイスラーム問題への介入に抵抗し、ミアイは設立された。要望されたイスラーム省の設立は、日本軍政期の宗務部・宗務課を経て、独立後の宗教省設立へと発展したのである。たしかに日本軍政期の対ムスリム政策によって、インドネシア独立後のムスリムの社会進出は進められたが、そうした背景には、オランダ植民地期のムスリムの連携活動が重要な役割を果たしたことも忘れてはならない。メッカ居住者帰国事業やガピとの連携を通して、ミアイは「インドネシア・ムスリム」の代表として、ムスリムの社会的、政治的基盤となった。このようなオランダ植民地期からの継続性が独立インドネシアにおいて、イスラームを社会的に無視できない原理として浮上させたのである。

また以上の連携が常に海外ムスリムの動向と連動して進められていたことも、重要である。自分たちを広い「イスラーム世界」における「インドネシア」ムスリムと位置づけ、常に「イスラーム」と「インドネシア」の両視点から連携が進められていた。これらの運動は人々のインドネシア人としての意識とその一体性を高めることに一役を担ったと言えるだろう。

一方で、国家とイスラームの問題は、本書でも論じたとおりムスリムの間でも当時から大きく意見が分かれるところであった。独立インドネシアは、オランダ植民地期のミアイが主張したような「イスラームに基づく」国家としては成立しなかった。しかし、インドネシア独立後もムスリムのほとんどは、イスラームも包括する唯一神への信仰を国是とするインドネシアの枠組に立脚している。インドネシアの枠組形成において、オランダ植民地期の国家とイスラームに関する議論は、今日まで問題となっている国民統合とイスラームの関係を考える出発点と言える。こうした問題について、オランダ植民地期、日本軍政期及び独立以降も含めてより詳細な考察を行うことは、今後の課題である。世界最大のムスリム人口を抱えるインドネシアの事例は、ムスリムが多数をしめる他の国民国家との比較研究にも、貴重な題材を提供するように思われる。

注

（1）ファン・デン・ボス（Van den Bosch）総督により開始された農業植民地制度。コーヒー、砂糖、藍等の輸出向け商品作物を、耕地の二〇（後に三三）パーセントにわたってジャワ農民に耕作させ、これを強制供出させた。詳しくは、Ricklefs［1981:114-124］を参照。

（2）ここではムハマディヤ創設者のアフマド・ダフランではない。ここであげるアフマド・ダフランは、スラバヤの伝統派ウラマーであり、ナフダトゥル・ウラマーのワハブ・ハズブラの友人であった。ナフダトゥル・ウラマーが結成されたハズブラ家での会議にも、タシウィルール・アフカルを代表して参加した［Bruinessen 1994: 30-32］。

（3）*Neratja* (211), 4 November 1922: 1-2.

（4）*Bintang Islam* 3 (2), n. d. 1925: 32-33.

（5）小林［一九九七：二五五］は、ウマットについて「『ウマット』はアラビア語の『ウンマ』が転訛した語で、この一語だけでも『イスラーム共同体』を意味する」と説明している。

（6）*Bintang Islam* 3 (8), n. d. 1925: 123-124.

（7）*Bintang Islam* 3 (16), n. d. 1925: 266.

（8）*Bintang Islam* 3 (8), n. d. 1925: 124.

（9）*Pandji Poestaka* 4 (81), 13 October 1926: 1907.

（10）*Pandji Poestaka* 4 (82), 15 October 1926: 1933.

（11）ムハマディヤ会員によるチョクロアミノトへの批判は、以下の記事から確認できる。*Menara-Ngampel* 1 (2), n. d. 1926: 27-30; *Menara-Ngampel* 1 (4), n. d. 1926: 50-52, 62-64. また、このムハマディヤとチョクロアミノトの問題、さらに改革派内の問題については、Noer［1973: 236-240］とLaffan［2003: 225-226］に詳しい。

（12）*Boekoe peringataan MIAI 1937-1942*: 6.

（13）*Soeara Oemoem* 5 (245), 28 July 1936: 1.

（14）例えば、ジャカルタで発行されていた日刊紙『プマンダンガン（*Pemandangan*：見解）』では、毎週「イスラーム世界（Dunia Islam）」というコーナーで海外ムスリムの動向が伝えられていた。その中でもパレスチナに関する記事は特に多い印象を受ける。また、パレスチナのムスリム問題について話し合うためにメッカでムスリム会議が開催される可能性がインドネシアの新聞紙面でも伝えられ、高い関心が払われていた（*Soeara Oemoem* 6 (80), 8 January 1937: 1）。しかし、Kramer［1981: 141］によると、一九三七年二月に予定していたこの会議は、開催できなかったようである。

（15）資料中では、Madjelis Islam Tinggi、あるいはMadjelis Islam Tertinggiという表記が混同して用いられている。またしばらくして、Djamoel Djamijatoel Islamijahという名称も使われたようである。

（16）*Soeaa Oemoem* 6 (91), 21 January 1937: 2.

（17）*Adil* 5 (31), 28 January 1937: 11-12.

（18）*Pedoman Masjarakat* 3 (5), 14 February 1937: 97-98.

（19）*Adil* 5 (34), 18 February 1937: 6; *Soeara Oemoem* 6 (110), 12 February 1937: 2.

（20）*Adil* 5 (44), 29 April 1937: 12.

（21）*Pandji Islam* 4 (28), 5 October 1937: 620-621.

（22）*Adil* 5 (44), 29 April 1937: 12.

（23） *Soeara Oemoem* 6 (213), 23 June 1937: 1.
（24） *Soeara Oemoem* 6 (261), 19 August 1937: 1.
（25） *Pandji Islam* 4 (27), 25 September 1937: 596.
（26） インドネシア・イスラーム同盟党は、一九三七年二月一三日付でアグス・サリムを含めプニャダル党のメンバーを除名処分としている（*Soeara Oemoem* 6 (112), 15 February 1937: 1）。
（27） *Berita Nahdlatoel Oelama* 6 (16), 15 June 1937: 1-7.
（28） *Berita Nahdlatoel Oelama* 6 (21), 1 September 1937: 22. この前夜祭には、ナフダトゥル・ウラマーの各支部代表の他に、ムハマディヤを始めとする五つのイスラーム団体からの代表、テンポなど一二の定期刊行物からの代表が出席していた。
（29） *Berita Nahdlatoel Oelama* 6 (21), 1 September 1937: 17-18.
（30） *Adil* 5 (57), 29 July 1937: 5.
（31） *Pedoman Masjarakat* 3 (38), 6 October 1937: 757.
（32） *Pedoman Masjarakat* 3 (5), 14 February 1937: 97-98.
（33） *Soeara Oemoem* 6 (276), 7 September 1937: 2.
（34） *Soeara Oemoem* 6 (291), 24 September 1937: 1; *Adil* 5 (66), 30 September 1937: 5.
（35） ミアイ設立時の組織綱領には、Al Madjlisoel Islamil A'laa Indonesia (Madjlis Islam Loehoer Indonesia) と記されている（*Pantjaran Amal* 2 (19), 10 October 1937: 416; *Pemandangan* 5 (215), 25 September 1937: 6）。しかし、すぐに Madjlis Islam A'laa Indonesia (M.I.A.I.) という表記が一般的となった。
（36） *Pantjaran Amal* 2 (19), 10 October 1937: 416; *Pemandangan* 5 (215), 25 September 1937: 6.
（37） *Soeara Oemoem* 6 (291), 24 September 1937: 2; *Pemandangan* 5 (214), 24 September 1937: 1.
（38） *Boekoe Peringatan MIAI 1937-1942*: 4.
（39） *Pantjaran Amal* 2 (19), 10 October 1937: 416; *Pemandangan* 5 (215), 25 September 1937: 6.
（40） *Islam Raja* 1 (1), 1 May 1939: 11.
（41） *Pantjaran Amal* 3 (1), 10 January 1938: 14-15.
（42） *Adil* 6 (17), 29 January 1938: 7-11. Noer［1973: 242］を始めとする多くの先行研究では、「一九三七年に七つのイスラーム団体がミアイに参加していた」と述べているが、そのような事実は確認できない。
（43） *Berita Nahdlatoel Oelama* 7 (12), 15 April 1938: 8-16.

(44) *Adil* 6 (17), 29 January 1938: 7.
(45) *Adil* 6 (17), 29 January 1938: 7.　第一回イスラーム会議終了から一九三八年一二月までの間に、新たに総裁（Ketua）という地位が置かれ、その職にウォンドアミセノが就いている。
(46) *Berita Nahdlatoel Oelama* 7 (11), 1 April 1938: 5-8.
(47) *Pandji Islam* 5 (8), 15 March 1938: 2379-2380.
(48) *Berita Nahdlatoel Oelama* 7 (11), 1 April 1938: 6.
(49) *Berita Nahdlatoel Oelama* 7 (11), 1 April 1938: 5-8.　ナフダトゥル・ウラマーがこのような批判をしたのは、当初この会議が東インド・イスラーム会議の継続として、第一〇回インドネシア・イスラーム会議の名称で開催されたためである。また、本書でも述べた通り、東インド・イスラーム会議は合計一一回開催されており、その継続として数えるならば、第一二回となるはずである。しかし、インドネシア・イスラーム会議開催時のインドネシア・イスラーム同盟党関係者による演説や記事では、東インド・イスラーム会議の開催数を常に合計九回と述べていたため、このような矛盾も生まれた。
(50) アグス・サリムは、自身のプニャダル党が、ミアイに加盟しない理由として、「ミアイの中で影響力を持つ人々の大部分は、プニャダル党に対して強硬な態度をとるインドネシア・イスラーム同盟党の人物である」と述べている（*Pedoman Masjarakat* 5 (27), 5 July 1939: 517）。
(51) *Soeara P. S. I. I.* 2 (1), March 1938: 2.
(52) インドネシア・イスラーム同盟党を批判した記事として、以下のものがある。*Berita Nahdlatoel Oelama* 7 (11), 1 April 1938: 5-8; 7 (12), 15 April 10 1938: 8-13; 7 (15), 1 June 1938: 12-14.
(53) *Boekoe Peringatan MIAI 1937-1942*: 10.
(54) *Pedoman Masjarakat* 4 (35), 31 August 1938: 690.
(55) *Pandji Islam* 5 (30), 24 October 1938: 2862.
(56) この記事が書かれた一九三八年一一月二五日までに、プルシス中央本部、マジュリス・ウラマー・トリトリ（Madjlis Oelama Toli-Toli）、ムスリミン・ミナハサ記者団（Pers. Moeslimin Minahasa di Menado）、アル・イチハディヤトゥル・イスラミヤ（Al-Ittihadijatoel-Islamijah di Soekaboemi）の四団体が、新たにミアイ会員となっていたことが確認できる。
(57) *Soeara P. S. I. I.* 2 (9), December 1938: 150-151; *Adil* 10 (7), 3 December 1938: 1.
(58) *Adil* 7 (20), 11 February 1939: 7.
(59) *Adil* 7 (24), 11 March 1939: 4.

（60）*Adil* 7 (24), 11 March 1939: 5.
（61）*Boekoe Peringatan MIAI 1937-1942*: 12.
（62）*Pahlawan* 1 (15), 30 September 1940: 3.
（63）日本で開催された回教展覧会については、後藤［一九八六：五〇七―五〇九］、小林［二〇一一：一八七―一九一］で詳述されている。
（64）*Pemandangan* 8 (222), 3 July 1940: 2. この中では、六〇〇名のインドネシア人が救済を求めていると伝えている。
（65）*Soeara Oemoem* 9 (292), 25 September 1940: 9.
（66）*Pahlawan* 1 (14), 20 September 1940: 1.「ミアイの目的」（第一項）も多少の変更があったので、記しておく。第一項のa、c、dについては、以前の規則で述べられていたこととほぼ同内容である。bについては、以前の規則第三項「取り組み」の中で同内容のことが述べられていた。eについては、今回新たに追加された内容であるが、これまで開催されたインドネシア・イスラーム会議から名称を変更して、ミアイ規則の中に含まれたものである。

第一項　ミアイの目的

a　インドネシアのウマット・イスラームの全ての団体が協力するよう一つにする。

b　インドネシアのウマット・イスラーム間で争いが起きた場合、それがすでにミアイの会員間で起きた問題であろうとなかろうと、その解決に努める。

c　インドネシアのウマット・イスラームと海外のウマット・イスラーム間の関係を密接にするよう努める。

d　イスラーム教とそのウマットの平和（安定）のために努力する。

e　インドネシア・ムスリム会議（Kongres Moeslimin Indonesia）を起こす。

（67）今後の事務局については第八項で、「理事会によって選ばれる総裁、書記、会計の三名で構成される」と規定された。第一回ミアイ理事会会議で新しいミアイ事務局のメンバーとして、総裁にファキ・ウスマン（H. Faqih Oesman　ムハマディヤ）、書記にアブドゥルカディル・バハルワン（S. Abdoelkadir Bahalwan　インドネシア・イスラーム同盟党）、会計にサストラディウィルヤ（Sastradiwirja　プルシス）が任命された（*Soeara Oemoem* 10 (52), 2 December 1940: 2）。
（68）ミアイ理事会へのインドネシア・イスラーム党からの代表は、当初の発表ではスキマン（Dr. Soekiman）とされており（*Soeara Oemoem* 10 (46), 25 November 1940: 2）、ここでは何かしらの理由でスキマンの代理として、ゴファル・イスマイルが出席したと考えられる。第二回ミアイ理事会会議には、スキマンがインドネシア・イスラーム党の代表として出席している。
（69）*Soeara Oemoem* 10 (63), 14 December 1940: 2.
（70）*Soeara Oemoem* 10 (52), 2 December 1940: 2. この会議の中で、理事会の副総裁にウォンドアミセノが就くことも決定した。

(71) *Dewan Islam* 7 (8), October 1940: 796.

(72) *Soeara Oemoem* 10 (26), 31 October 1940: 6.

(73) Mailrapport. No. 18x/ 40 geh.

(74) *Soeara Oemoem* 10 (52), 2 December 1940: 2.

(75) *Pedoman Masjarakat* 7 (8), 19 February 1941: 152.

(76) Telegram. No. 358, 14 February 1941.

(77) Mailrapport. No. 24x/ 41.

(78) *Pemandangan* 9 (66), 24 March 1941: 2.

(79) *Adil* 9 (26), 29 March 1941: 11.

(80) *Adil* 9 (31), 3 May 1941: 12.

(81) *Pemandangan* 9 (252), 10 November 1941: 5.

(82) *Pemandangan* 9 (89), 23 April 1941: 6.　これ以降も、それぞれの委員会は独立して存在している。

(83) *Pemandangan* 9 (94), 29 April 1941: 2.

(84) *Pedoman Masjarakat* 7 (24), 11 June 1941: 469.

(85) *Pemandangan* 9 (140), 25 June 1941: 2.

(86) *Islam Raja* 3 (18), 5 July 1941: 1-2.

(87) *Adil* 10 (10), 4 December 1941: 13.

(88) オランダ植民地期のミアイの政治活動を扱ったものとして、Noer［1973: 266-275］がある。ヌルはその中で、ガピやインドネシア人民協議会とインドネシア・イスラーム同盟党の対立に焦点を当て考察している。本書ではガピやインドネシア人民協議会とミアイの連携を、イスラーム勢力の政治参加への契機として考察する。

(89) *Soeara Oemoem* 8 (130), 8 March 1939: 5.

(90) *Soeara Oemoem* 8 (171), 27 April 1939: 8.　これによりミアイ加盟団体は合計一五団体となった。

(91) *Pemandangan* 7 (113), 22 May 1939: 2.　これら七団体がガピの通常会員である。設立時インドネシア・イスラーム同盟党は、前年に自身が主導したインドネシア政党仲介機構との違いが不明瞭であり、新たな組織として結成することには反対の立場を示していたが、最終的に加盟した。インドネシア・イスラーム党は、ガピの結成目的には同意するが、現在の活動案には同意できないとして、様々な問題を議論するために大インドネシア会議（Congres Indonesia Raja）の開催を要求している（*Pemandangan* 7 (114), 23 May 1939: 9）。

インドネシア・アラブ党は、一九四〇年一〇月特別会員としてガピに加盟した。

(92) *Pemandangan* 7 (276), 7 December 1939: 3.

(93) *Islam Raja* 3 (3), 5 February 1941: 2-3.

(94) *Adil* 9 (32), 10 May 1941: 4.

(95) *Pemandangan* 9 (120), 31 May 1941: 6.

(96) *Pemandangan* 9 (108), 16 May 1941: 2.

(97) *Pemandangan* 9 (131), 14 June 1941: 2. 同様の警告は、ガピに対しても法務長官から出された。

(98) *Pemandangan* 9 (151), 9 July 1941: 3.

(99) *Pedoman Masjarakat* 7 (29), 16 July 1941: 566.

(100) *Islam Raja* 3 (25), 20 September 1941: 3.

(101) *Adil* 10 (14), 1 January 1942: 3.

(102) *Pemandangan* 10 (5), 6 January 1942: 3.

(103) 本節で扱う日本軍政期のミアイとマシュミを詳述した研究としては、Benda［1950］がある。ベンダは、イスラーム指導者の日本軍政に対する主体的な関わりが、独立インドネシアにおけるムスリムの社会的地位や政治参加の契機となったことを指摘し、先駆的な研究として高い評価を受けている。しかし、ベンダの主眼はあくまでも日本軍政期のイスラーム運動であるため、オランダ植民地期のミアイについて事実誤認（詳しくは、［Benda 1950: 89-90, 99］）も見られ、再検討の余地が残されている。その点を踏まえ、本節では第三節で述べたオランダ植民地期のミアイと日本軍政期のミアイ、マシュミを一連の運動として考察することを主眼とする。

(104) *Pemandangan* 10 (57), 16 March 1942: 4-5; *Pemandangan* 10 (66), 26 March 1942: 3; *Pemandangan* 10 (76), 8 April 1942: 2.

(105) 小林［一九九七：二三一―二三二］は、「軍属として一六軍に徴用され、のちに別班回教工作班に配属された小野信次が、その後のイスラーム政策を決定する上で重要なアドバイスを行った」ことを指摘している。

(106) ジャワとマドゥラでは、陸軍第一六軍が軍政を担当した。この中で対ムスリム政策において重要な役割を果たしたのが、軍政部（一九四二年八月から軍政監部に改称）のもとに設置された宗務部と参謀部の情報参謀のもとに設置された別班の回教工作班である。前者は、宣撫、宗教行政、宗教指導者の監視等を業務とし、後者は、情報収集、政治工作を担当した［小林　一九九七：二三〇―二三一］。

(107) *Pandji Poestaka* 20 (27/28), 13 October 1942: 974.

(108) *Pemandangan* 10 (101), 23 May 1942: 6.

（109）*Tjahaja* 1 (14), 23 June 1942: 3.　理事会（Dewan）の総裁にマンスールが就任した。

（110）３Ａ運動とは、アジアの指導者日本、アジアの庇護者日本、アジアの光日本というスローガンの下で日本軍政が行った大衆動員運動である。

（111）*Tjahaja* 1 (78), 7 September 1942: 2.

（112）*Tjahaja* 1 (81), 10 September 1942: 2.

（113）*Pandji Poestaka* 20 (27/28), 13 October 1942: 975.

（114）*Asia Raja* 1 (131), 21 September 1942: 4.

（115）*Pandji Poestaka* 20 (27/28), 13 October 1942: 975.

（116）*Soeara MIAI* 1 (1), 1 January 1943: 3

（117）*Soeara MIAI* 1 (1), 1 January 1943: 19.　この中で記されたミアイの目的は、以下のとおりである。オランダ統治期のミアイの目的については、注66を参照。

ａ　現世と来世において、イスラーム教とそのウマットの崇高さを守り、維持すること。

ｂ　ムスリムの間に、公共の平和と福祉、および共同の生活の繁栄をはかることのできる新しい共同体を建設すること。

ｃ　以下の宗教実践に関わるすべてのムスリムの利害を改善すること。

１　婚姻問題　２　遺産相続問題　３　モスク問題

４　ワクフ問題　５　ザカット問題　６　教育問題

７　布教・宣伝問題　８　社会（援助）問題　９　巡礼問題

ｄ　大日本による指導のもと、大東亜共栄圏を達成するために、新しい社会を建設することに最大限の力をもって協力すること。

（118）*Tjahaja* 1 (136), 17 November 1942: 1.

（119）当初は、マンスールがミアイ顧問の総裁として選出された。しかし、すぐにワヒド・ハシムに変更された（*Asia Raja* 1 (176), 17 November 1942: 2）。また一九四三年一月二〇日から、マンスールはミアイ理事会副総裁となっている（*Asia Raja* 2 (17), 20 January 1943: 3）。しかし一九四三年三月一〇日から、プートラの活動を優先させるため副総裁を辞職し、再びミアイ顧問のメンバーとなり、アブドゥル・ハリム（Abdul Halim）が理事会副総裁となった（*Asia Raja* 2 (59), 11 March 1943: 2）。

（120）*Asia Raja* 1 (195), 10 December 1942: 2.

（121）*Tjahaja* 1 (157), 11 December 1942: 1.

（122）*Pemandangan* 7 (104), 10 May 1939: 9.

(123) *Tjahaja* 1 (19), 29 June 1942: 2.

(124) *Tjahaja* 1 (46), 30 July 1942: 3.

(125) *Tjahaja* 2 (15), 19 January 1943: 2.

(126) *Asia Raja* 2 (27), 1 February 1943: 2. その他にこの会議では、イスラーム高等教育機関設立などが話し合われていた。

(127) *Tjahaja* 2 (83), 12 April 1943: 2; *Asia Raja* 2 (87), 14 April 1943: 2.

(128) *Asia Raja* 2 (115), 18 May 1943: 1; *Tjahaja* 2 (119), 25 May 1943: 2; *Tjahaja* 2 (147), 26 June 1943: 2.

(129) *Soeara MIAI* 1 (13), 1 July 1943: 4-5.

(130) *Asia Raja* 2 (188), 5 August 1943: 2.

(131) *Asia Raja* 2 (154), 2 July 1943: 4. ミアイ領事（Konsul MIAI）として、資料上で確認できるものは、スラバヤ、チルボンの他に、バンテン、スマランがある（*Tjahaja* 2 (200), 27 August 1943: 1; *Asia Raja* 2 (205), 31 August 1943: 2）。さらにソロでは、ミアイ・ソロ支部（MIAI cabang Solo）というのが確認できる（*Tjahaja* 2 (165), 17 July 1943: 2）。

(132) *Soeara MIAI* 1 (13), 1 July 1943: 9.

(133) 小林［一九九七：二三四―二三八］は、ウォンドアミセノの書いた文書から、ミアイによる宗教省構想を論じ、バイトゥル・マルを通してミアイが意図したことは、ジャワ島を網羅するネットワーク構築によって、宗教行政組織づくりへの第一歩とすることにあったと述べている。Benda［1958: 147］も、バイトゥル・マルの活動によってミアイは、イスラームの名の下にジャワ島を網羅する独自のネットワークを構築したと指摘し、宗教問題を越えた分野までその活動範囲を広げようとしたことが、バイトゥル・マル終了の理由としている。

(134) *Tjahaja* 2 (260), 5 November 1943: 2; 2 (263), 9 November 1943: 2.

(135) 隣組については、倉沢［一九九二：二四二―二六二］に詳しい。

(136) *Tjahaja* 2 (215), 13 September 1943: 1.

(137) *Tjahaja* 2 (238), 10 October 1943: 1.

(138) *Asia Raja* 2 (278), 24 November 1943: 1.

(139) *Soeara Moeslimin Indonesia* 1 (1), 1 December 1943: 14-15.

(140) *Soeara Moeslimin Indonesia* 1 (1). 1 December 1943: 17-18.

(141) マシュミ会員について記した第五条では、「ジャワで日本軍政によって許可されたすべてのイスラーム団体、その他に、善良で高度な知識をもつイスラーム指導者たちも、宗務部長の許可によって、本組織の会員になることが許可される」と定められ、個人でマシュミの会員になることもできた。そのためインドネシア・イスラーム同盟党出身者でも、アンワル・チョクロアミノト（Anwar Tjokroaminoto）のように、日本軍政によって許可されればマシュミ会員になることができる者もいた。

(142) *Asia Raja* 2 (277), 23 November 1943: 1.　一九四四年一月二七日には、マシュミの執行部が変更された。第一副総裁であったマンスールが、多忙を理由に第一副総裁の職を辞している。替わりに、ワヒド・ハシムが第一副総裁となり、第二副総裁には、ムクティ（H. A. Moektie）がついた。また二月一日には、二つのイスラーム団体が軍政監によって許可された。一つは、アフマド・サヌシ（Kiai Hadji Achmad Sanoesi）が議長を務め、ボゴール州のスカブミ県に本部を置く、インドネシア・ウマット・イスラーム同盟（Persatoean Oemmat Islam Indonesia　以前は Al-Ittihadoel Islamijah）であり、もう一つは、アヴドゥル・ハリム（Kiai Hadji Abdoel Halim）が議長を務め、チルボン州のマジャレンカ県に本部を置く、ウマット・イスラーム連盟（Perikatan Oemmat Islam）である。これにより、この二つの団体もマシュミに参加することになった（*Soeara Moeslimin Indonesia* 2 (4), 15 February 1944: 14）。マシュミ会員は終戦まで、この四団体のみであった。

(143) *Tjahaja* 2 (274), 22 November 1943: 1.

(144) *Soeara Moeslimin Indonesia* 2 (6), 15 March 1944: 14.

(145) *Asia Raja* 2 (303), 22 December 1943: 2.

(146) *Tjahaja* 2 (301), 23 December 1943: 1.

(147) 民衆との仲介者を養成するために、一九四三年七月から、キヤイ（ウラマー）講習会が開催され、一九四五年五月までに合計一七回の講習会が開催された。キヤイ講習会については倉沢［一九九二：三六八－四一九］が詳細な考察を行っている。

(148) *Asia Raja* 3 (182), 31 July 1944: 1.

(149) *Soeara Moeslimin Indonesia* 2 (6), 15 March 1944: 14.

(150) *Asia Raja* 3 (183), 1 August 1944: 1.

(151) *Asia Raja* 3 (252), 20 October 1944: 2.

(152) *Asia Raja* 3 (239), 5 October 1944: 1.

(153) *Asia Raja* 3 (246), 5 October 1944: 1.

(154) *Asia Raja* 4 (21), 24 January 1945: 2.

(155) *Asia Raja* 4 (18), 20 January 1945: 2.

参考文献

（日本語）

大谷正彦訳

一九九三『ハッタ回想録』東京：めこん。

岸幸一、西嶋重忠

一九五九『インドネシアにおける日本軍政の研究』東京：紀伊国屋書店。

倉沢愛子

一九九二『日本占領下のジャワ農村の変容』東京：草思社。

小杉泰

二〇〇六『現代イスラーム世界論』愛知：名古屋大学出版会。

後藤乾一

一九八六『昭和期日本とインドネシア』東京：勁草書房。

小林寧子

一九九七「インドネシア・ムスリムの日本軍政への対応――ジャワにおけるキヤイ工作の展開と帰結」倉沢愛子編『東南アジア史のなかの日本占領』東京：早稲田大学出版部。

二〇〇六「イスラーム政策と占領地支配」『岩波講座　アジア・太平洋戦争7』東京：岩波書店。

二〇〇八『インドネシア　展開するイスラーム』愛知：名古屋大学出版会。

二〇一一「日本のイスラーム・プロパガンダとインドネシア・ムスリム」『岩波講座　東アジア近現代通史　第五巻　新秩序の模索　1930年代』東京：岩波書店。

土屋健治

一九九四『インドネシア思想の系譜』東京：勁草書房。

永積昭

一九八〇『インドネシア民族意識の形成』東京：東京大学出版会。

弘末雅士

二〇〇二「インドネシアの『聖戦』」『岩波講座　東南アジア史　第七巻　植民地抵抗運動とナショナリズムの展開』東京：岩波書店。

深見純生

増田与
　一九七五　「成立期イスラム同盟に関する研究」『南方文化』二、一一一―一四五。
　一九七六　「初期イスラム同盟（一九一二―一六）に関する研究⑴」『南方文化』二、一一七―一四五。
　一九七七　「初期イスラム同盟（一九一二―一六）に関する研究⑵」『南方文化』三、一五一―一八二。
山口元樹
　二〇〇二　『インドネシア現代史』東京：中央公論社。
　二〇一六　「インドネシアのイスラーム運動の分裂と統合――東インド・イスラーム会議におけるアラブ人とプリブミ」小林寧子編著『アジアのムスリムと近代⑶　植民地末期の出版物から見た思想状況』東京：上智大学アジア文化研究所・イスラーム研究センター。

（外国語）

Abeyasekere, Susan
　1976　*One Hand Clapping: Indonesian Nationalists and the Dutch 1939-1942.* Cheltenham: Centre of Southeast Asian Studies Monash University.

Aboebakar, H. ed.
　1957　*Sedjarah Hidup K. H. A. Wahid Hasjim dan Karangan Tersiar.* Jakarta: Panitya Buku Peringatan Alm. K. H. A. Wahid Hasjim.

Akhmad, Wardini
　1989　*Kongres Al Islam 1922-1941: Satu Telaah tentang Integrasi dan Disintegrasi Organisasi-Organisasi Islam di Indonesia dalam Perkembangan Pergerakan Nasional.* Disertasi di Institut Agama Islam Negeri Syarif Hidayatullah.

Alfian
　1989　*Muhammadiyah: The Political Behavior of a Muslim Modernist Organization under Dutch Colonialism.* Yogyakarta: Gadjah Mada University Press.

Algadri, Hamid
　1984　*C. Snouck Hurgronje, Politik Belanda terhadap Islam dan Keturunan Arab.* Jakarta: Sinar Harapan, 1984.

Anam, Choirul
　1999　*Pertumbuhan dan Perkembangan Nahdlatul Ulama.* Sala: Jatayu.

Benda, Harry J.

1958 *The Crescent and the Rising Sun: Indonesian Islam under the Japanes Occupation 1942-1945.* The Hague: van Hoeve.

Boland, B. J.

1982 *The struggle of Islam in modern Indonesia.* Leiden: Martinus Nijhoff.

Bruinessen, Martin van

1994 *NU:Tradisi Relasi-relasi Kuasa, Pencarian Wacara Baru.* Yogyakarta: LKiS.

Kartodirdjo, Sartono

2014 *Pengantar Sejarah Indonesia Baru: Sejarah Pergerakan Nasional* (Jilid 2). Yogyakarta: Penerbit Ombak.

Kramer, Martin S.

1981 *Islam Assembled: The Advent of the Muslim Congresses.* New York: Columbia University Press.

Laffan, Michael Francis

2003 *Islamic Nationhood and Colonial Indonesia: The Umma Below the Winds.* London, New York: Routledge Curzon.

McVey, Ruth T.

2006 *The Rise of Indonesian Communism.* Jakarta: Equinox Pub.

Noer, Deliar

1973 *The Modernist Muslim Movement in Indonesia 1900-1942.* London: Oxford University Press.

Niel, Rovert van

1960 *The Emergence of the Modern Indonesia Elite.* Chicago: Quadrangle Books, Ind., and The Hague/ Bandung: W. van Hoeve, Ltd.

Pringgodigdo, A. K.

1950 *Sedjarah Pergerakan Rakjat Indonesia.* Djakarta: Pustaka Rakjat N. V.

Ricklefs, M. C.

1981 *A History of Modern Indonesia.* Basingstoke: Macmillan Education Ltd.

あとがき

ジョグジャカルタとジャカルタで過ごした３年の留学生活は、「人」に支えられた日々だった。私が専門とする文献史学の調査は、同時代の文書や出版物を探すことがメインとなるが、その調査過程には必ず人との関わりがあった。ジョグジャカルタでは、受け入れ先のガジャマダ大学歴史学科の先生や学生ととの議論から研究のヒントを得ることも多く、また、彼らの人的ネットワークに助けられることもあった。こうした環境を私が享受できたのも、受け入れに尽力してくださったガジャマダ大学歴史学科教授 Sri Margana のお陰である。

ジャカルタでは、インドネシア国立図書館（Perpustakaan Nasional Republik Indonesia）に通い、当時発行された新聞や雑誌を読む毎日だった。現物を手に取り、読み耽ることができる時間は、研究をしていて最も楽しい時間だった。本書で依拠した史料の多くは、そうした国立図書館での調査成果である。司書の方々、特に、雑誌コーナーの Ratu Atibah Mulyani、Hening Widyastuti、Atikah、Arliana Wijayanti、新聞コーナーの Endang Sumarsih、Ngalimah、Sujarko、Alamsyah の各氏には公私ともにお世話になった。専用の机と椅子を提供していただいたり、資料についてもたくさんの助言をいただき、「あなたは国立図書館の家族だから」と言って、図書館外のことでも助けていただくなど、数え切れないほどの恩を感じている。

日本でも、多くの先生からの学恩を受けた。これまでご指導ご助言いただいた方々全ての名前を紙面に収めることはできないので、ここではすでに鬼籍に入られた二名を記すに留めておく。学部、修士時代に指導してくださった佐藤次高先生、その後を受け継いで指導してくださった湯川武先生、両先生の寛大さがなければ私は研究を続けることができなかったと思う。

なお、本書の執筆は、多くの助成団体からの交付による現地調査により可能となった。留学及び松下幸之助国際スカラシップフォーラムでの報告、さらに本書執筆の機会を与えてくださった松下幸之助記念財団、留学前後の現地調査の機会を与えてくださった原口記念アジア研究基金と公益財団法人りそなアジア・オセアニア財団には心から感謝申し上げる。また、風響社の石井雅社長には、遅筆な私の原稿を辛抱強く待っていただいたことに深く感謝する。

最後に、調査と称して度々インドネシアを訪れる私を見守り、支え続けてくれた両親、祖父母、叔母、弟家族に感謝の気持ちを伝え、この書を捧げたい。

著者紹介

土佐林慶太（とさばやし　けいた）

1981 年、北海道生まれ。

現在、早稲田大学大学院文学研究科人文科学専攻東洋史学コース博士後期課程。主な論文に「ミアイ（Madjlis Islam A'laa Indonesia, M. I. A. I.）の設立過程とその初期組織変遷」（『史滴』第 35 号、2013 年）がある。

二〇世紀前半インドネシアのイスラーム運動

ミアイとインドネシア・ムスリムの連携

2017 年 12 月 15 日　印刷

2017 年 12 月 25 日　発行

著　者　土佐林 慶太

発行者　石 井　　雅

発行所　株式会社　風響社

東京都北区田端 4-14-9 （〒 114-0014）

TEL 03（3828）9249　振替 00110-0-553554

印刷　モリモト印刷

ISBN987-4-89489-795-3　C0022